Avec les hommages
du
Conseil des Arts du Canada

With the compliments
of the
Canada Council

# Nationalismes et politique au Québec

*Du même auteur :*

*Opinions publiques et systèmes idéologiques,*
    Ecrits du Canada français, Montréal, 1962.

*Les groupes et le pouvoir aux Etats-Unis,*
    Presses de l'Université Laval, Québec, 1965,
    Armand Colin, Paris, 1965.

*Le bill 60 et la société québécoise,*
    Editions HMH, Montréal, 1967.

*Société et politique — La vie des groupes,*
    Tome premier : *Fondements de la société libérale,*
    Tome second : *Dynamique de la société libérale,*
                  Presses de l'Université Laval, Québec,
                  1971, 1972.

*La prochaine révolution ou le Québec en crise,*
    Leméac, Montréal, 1973.

# Nationalismes et politique au Québec

## Léon Dion

Hurtubise HMH

*Le Conseil des Arts du Canada
a accordé une subvention
pour la publication de cet ouvrage*

*Maquette de la couverture :*
GILLES ROBERT ET ASSOCIÉS

EDITIONS HURTUBISE HMH, LTÉE
380 ouest, rue Craig
Montréal, Qué., Canada. H2Y 1J9

ISBN 07758-0048-1

Dépôt légal / 2ème trimestre 1975
Bibliothèque Nationale du Québec

# Table
## des matières

# Avant-propos

Le présent essai ne prétend pas offrir une analyse définitive du nationalisme québécois. Il se concentre sur les dimensions politiques de ce dernier. Se trouvent donc abordées de façon subsidiaire ses dimensions sociologiques et économiques. Par ailleurs cet essai se fonde largement sur des sources secondaires ou sur mes propres études antérieures. Il m'était impossible de puiser dans l'important fonds de connaissances qui résultera de l'enquête sur les cultures politiques au Québec que Micheline de Sève, Jacques Hamel et moi menons depuis trois ans, les principaux résultats de cette enquête ne devant être disponibles que dans quelques mois. De plus, les objectifs de notre enquête débordent largement ceux que je me suis assignés ici. Enfin, mon essai suit le mouvement inverse de la démarche adoptée pour l'enquête sur les cultures politiques au Québec. Tandis que dans l'enquête nous procédons du particulier au général, ici, je vais plutôt du général au particulier. Je me fonde sur des hypothèses et des illustrations plutôt que sur un schéma d'analyse explicite et sur des données colligées avec rigueur comme c'est le cas pour notre enquête.

En plaçant le nationalisme au centre de mes réflexions, je vise à contribuer aux efforts de pénétration de la conscience historique des Québécois. L'optique m'est propre mais mes préoccupations rejoignent celles de Fernand

*Dumont, Guy Rocher et Marcel Rioux : rendre compte de la condition des Canadiens français comme nation. Semblables tentatives de re-situer le passé d'un peuple par rapport à son présent afin d'en entrouvrir les futurs possibles, malgré ce qu'elles ont d'immanquablement risqué, sont aujourd'hui plus que jamais nécessaires. Les brisures apparentes ou réelles parmi les institutions et dans les moeurs depuis 1940 et surtout depuis 1960 rendent très difficile pour les jeunes et même pour les adultes la tâche de démêler les liens qui les rattachent aux ancêtres et, par conséquent, la possibilité de prendre conscience qu'ils possèdent une Histoire bien à eux par référence à laquelle il leur est loisible de se définir. C'est cela précisément qu'il faut attendre d'un essai comme celui-ci : moins la présentation de faits nouveaux, ni même une exactitude scrupuleuse dans la présentation des faits, que plutôt une vision d'ensemble d'une collectivité d'hommes qui, parce qu'ils ont un passé, ne sauraient manquer, sous peine d'ériger en loi l'empirisme et l'opportunisme, de concevoir leur situation présente et leurs chances d'avenir en tenant scrupuleusement compte de ce passé. Le mouvement de la conscience historique ne se définit pas d'abord par la progression de celle-ci vers des états nouveaux mais par la recherche incessante de la part des membres d'une société de la raison d'être de cette dernière, ce qui suppose avant tout le retour aux « sources » et la reconstitution d'une continuité. Les ancêtres sont nos pères non seulement parce qu'ils nous ont engendrés mais également parce que, avec les données dont ils disposaient, ils ont consciencieusement cherché à préparer le monde qui est le nôtre. Et c'est ainsi que nous agissons à l'égard de ceux qui viendront demain.*

*Il y a plus : les formations sociales anciennes, même dans les sociétés qui ont connu ces brisures radicales qu'on appelle révolutions, survivent immanquablement dans les structures et les réalités. Les mots mêmes que nous utilisons pour décrire les conditions d'aujourd'hui nous rivent en quelque sorte au passé puisqu'ils ont été forgés bien avant nous pour traduire les réalités de ce monde disparu dont nous cherchons la trace. Ce qu'il s'agit de savoir et que seule une démarche à la fois introspective et rétrospective guidée par la sympathie peut procurer concerne les manifestations concrètes selon lesquelles ces formations anciennes resurgissent. Bien entendu, le présent est plus que la simple répétition du passé sous des visages inédits. Le véritable problème concerne la façon dont les formations passées se fusionnent avec les conditions nouvelles pour produire le présent et entrouvrir la voie vers les possibles de demain.*

*Le passé, que ce soit pour un individu ou pour une collectivité, ne se présente pas comme une totalité perçue d'un même regard mais plutôt comme une multiplicité de points de repère disposés selon des canevas dont chacun représente le produit d'expériences heureuses ou malheureuses. C'est ainsi qu'il n'y a pas un seul mais plusieurs nationalismes canadiens-français. Ces nationalismes correspondent à différentes conceptions du « nous » national. D'où il n'y a pas pour les contemporains qu'une seule mais plusieurs façons de rejoindre leur passé collectif.*

*Ce sont précisément ces différentes conceptions du « nous » national que je retrace d'abord afin, dans un second temps, de rendre compte des divergences qui se manifestent aujourd'hui chez les Québécois dans leur façon de se référer au passé de même que dans les justifications diverses, parfois opposées, inspirées en partie de ces lectures différentes du passé, qu'ils se donnent pour légitimer leurs orientations particulières. Pas plus que nous, les fils, les pères ne furent unanimes malgré leur profond désir d'une commune solidarité.*

*Scruter le nationalisme, c'est s'engager dans l'examen d'une idéologie, c'est-à-dire selon la définition que j'ai proposée dans* Société et politique : *la vie des groupes, tenter de reconstituer des ensembles de représentations faites sous l'influence d'une situation de groupe par référence à la société globale en vue de procurer les éléments d'identification au groupe, d'expliquer la situation du groupe et de légitimer les projets d'action envisagés.* [1]

*Je considère que l'idéologie du nationalisme est en réalité double ou plutôt que le nationalisme fusionne, selon des modalités diverses, deux idéologies différentes : d'une part, une idéologie proprement nationale et, d'autre part, une idéologie sociale. C'est ainsi que, pour bien comprendre le nationalisme, il faut le re-situer non seulement par référence à la culture mais également par rapport à l'économie et à la politique d'une société. L'examen du nationalisme oblige à englober tout ensemble le domaine des idées et celui de l'action et, par là, il dévoile obligatoirement les grandes praxis historiques.*

*Ces idées et ces actions ne se présentent pas au hasard, leur interaction n'est pas fortuite. Parce qu'elles cohabitent ensemble dans des cadres sociaux communs, parce qu'elles empruntent les mêmes canaux institutionnels, elles se mesurent constamment les unes par rapport aux autres, elles s'harmonisent ou se contredisent, elles se consolident ou se neutralisent dans de perpétuels mouvements d'attraction et de répulsion. De ces compatibilités et de ces incompatibilités émergent des constellations socio-culturelles particulières appelées cultures nationales et des sens spécifiques du « nous » désignés sous le nom de « conscience nationale ».*

---

1. Sur la notion d'idéologie, voir : DUMONT, Fernand, *Les idéologies*, Presses universitaires de France, PUF, 1974.

*Par delà toutes les ruptures, dégager la continuité de la conscience historique des Québécois n'est toutefois pas le seul objectif que je poursuis dans le présent essai. Je vise également à montrer sous de nouveaux éclairages les conditions présentes des collectivités et des individus. En effet, le présent ne suffit pas à rendre compte de leurs succès et de leurs déboires, de leurs espoirs et de leurs déceptions, de leurs certitudes et de leurs hésitations. Il importe tout autant d'évaluer les effets des attitudes et des comportements passés qui, comme autant de sédiments historiques, constituent la base des ouvrages d'aujourd'hui. La reconstitution des nationalismes passés et présents des Québécois que j'entreprends, bien qu'imparfaite sans aucun doute, permettra, je l'espère, d'échapper aux explications à courte vue dont on se satisfait trop souvent pour rendre compte des réalités d'aujourd'hui. C'est ainsi que le néo-conservatisme qui semble gagner le Parti libéral du Québec ne saurait se comprendre seulement par des arguments tirés de « l'usure du pouvoir », de la personnalité de Robert Bourassa, etc. De même, pour expliquer les tensions actuelles au sein du Parti québécois, il ne suffit pas de s'en remettre à des raisons telles que l'affrontement entre l'aile parlementaire et l'organisation du parti, la mise en question du leadership de René Lévesque, et ainsi de suite. Dans ces cas comme dans tant d'autres cas semblables, il s'impose d'examiner avec soin l'interaction des idéologies nationales et des idéologies sociales au Québec et, ce qui constitue l'essentiel, de scruter dans quelle mesure les entrecroisements spécifiques de ces idéologies dans chaque situation particulière ont pu préparer les jeux à l'insu des acteurs eux-mêmes.*

*Une dernière préoccupation inspire mes propos. Dans l'examen des nationalismes québécois, il me semble que très souvent on restreint indûment l'analyse au seul cadre du Québec. Qu'il s'agisse du domaine des idées ou de celui des comportements, le Québec est pourtant ouvert sur le monde avec lequel il se trouve en constante interaction. Ces interdépendances varient bien entendu dans le temps et l'espace et ce sont précisément les formes spécifiques qu'elles revêtent aux divers moments de l'histoire québécoise qu'il importe de dégager. Les Québécois n'ont pas inventé la société pré-industrielle pas plus que la société industrielle ou la société post-industrielle. Mais, dans les limites de sévères contraintes, ils ont été et sont aujourd'hui encore obligatoirement conduits à inventer des modèles susceptibles de répondre à leurs besoins et à leurs projets particuliers tels qu'ils les concevaient ou tels qu'ils les conçoivent dans les conditions qui leur étaient et leur sont propres.*

# Introduction

Plusieurs travaux ont été consacrés à l'examen de la notion de nationalisme à la fois comme idéologie et comme mouvement social. Il existe même nombre de « théories » du nationalisme. Parmi les plus souvent citées, outre le marxisme-léninisme dont il sera fait état par la suite, celles de Ferdinand Toënnies fondée sur la distinction entre communauté et société, de Karl W. Deutsch axée sur les notions de communication et de mobilisation, de Louis Hartz étayée sur l'hypothèse que les jeunes nations constituent des « fragments » des peuples colonisateurs plus anciens et de Seymour Martin Lipset mettant l'emphase sur les « événements formateurs » jouissent d'un certain crédit. [1] Aucune toutefois ne fait autorité. Mon propos n'est pas d'approfondir la problématique théorique de cette

1. TOENNIES, Ferdinand, *Gemeinschaft und Gesellschaft*, 1887, traduit en français par J. LEIF, *Communauté et société*, Presses Universitaires de France, Paris, 1944, en anglais de Charles LOOMIS, *Fundamental Concepts of Sociology*, American Book Company, New York, 1940 ; DEUTSCH, Karl W., *Nationalism and Social Communications*, M.I.T., Cambridge, 1953, et *Nationalism and Its Alternatives*, Alfred A. Knopf, New York, 1969 ; HARTZ, Louis, *The Founding of New Societies*, Harvard University Press, Cambridge, 1965, traduit en français sous le titre de *Les enfants de l'Europe*, Editions du Seuil, Paris, 1968 ; LIPSET, Martin Seymour, *The First New Nation*, Basic Books, New York, 1963. Pour une excellente étude de Hartz et de Lipset du point de vue de leur apport théorique à l'étude de la culture politique canadienne, voir : BELL, David V.J., « Methodological Problems in the Study of Canadian Political Culture », Paper delivered at the June, 1974 meeting of the Canadian Political Science Association (Inédit).

notion mais bien plutôt de m'en servir pour aider à comprendre le cours des idées nationalistes et le rapport de ces dernières avec l'action politique au Québec. Le modèle systémique de David Easton, tel que je l'ai amendé dans mon ouvrage : *Société et politique : la vie des groupes,* me servira de cadre explicatif. [2] Avant toutefois de m'engager dans le coeur du sujet, je crois utile de me donner certains éléments de définitions. Mon souci, en les présentant, est de me conformer le plus possible aux acceptions les plus accréditées.

Par idéologie nationaliste, j'entends l'ensemble des représentations faites par référence à une collectivité spécifique particulière, appelée peuple ou nation, définie par un amalgame de traits incluant, entre autres mais sans qu'aucun d'entre eux en particulier ne soit suffisant ni nécessaire, une origine, une histoire, un territoire, une culture, des institutions et une langue communs aux membres de cette collectivité, témoignant du sens d'une solidarité d'appartenance et de destin souvent en face d'autres collectivités jugées étrangères ou ennemies ainsi que par des projets concernant l'organisation de la vie culturelle, économique et politique jugés convenir à cette collectivité.

Par mouvement nationaliste, j'entends toute forme d'action collective, menée sous l'influence d'une conception du vouloir-être de la collectivité nationale et souvent en réaction contre l'action d'autres collectivités jugées étrangères ou adverses, qui vise à la mobilisation des membres

---

2. EASTON, David, *A Systems Analysis of Political Life,* John Wiley, New York, 1965. Dans deux textes inédits, Easton explicite la notion centrale de « political support » : « Theoretical Approaches to Political Support » et « A Re-Assessment of the Concept of Political Support ». DION, Léon, *Société et politique : la vie des groupes.* Tome premier : *Fondements de la société libérale* ; Tome second : *Dynamique de la société libérale,* Les Presses de l'Université Laval, Québec, 1971, 1972 (cet ouvrage sera publié en anglais par la University of Toronto Press au printemps de 1976.

de façon à promouvoir la solidarité d'appartenance et de destin de même que les projets concernant l'organisation de la vie culturelle, économique et politique jugés convenir à cette collectivité.

Ce qui retient très souvent l'attention dans l'examen du nationalisme, ce sont les seules idées — leur origine, leur contenu et leur « filiation » — abstraction faite des mouvements qui les sous-tendent ou leur font obstacle tout comme de leur interaction avec d'autres idées ou mouvements qui, d'une manière ou d'une autre, s'imposent à elles, soit comme alliés ou adversaires ou soit encore comme modèles ou contre-modèles.

Ces omissions aboutissent fatalement à des vues tronquées concernant la signification et le rayonnement des nationalismes. Il ne suffit pas en effet de décrire ou d'interpréter les idées nationalistes. Il importe tout autant sinon davantage d'en scruter les effets sur les mentalités et les structures de même que les contraintes que celles-ci font peser sur celles-là.

Le nationalisme, en tant qu'idéologie, vise à rassembler dans une perspective totalisante divers schémas idéologiques particuliers — ceux des classes sociales et des grandes collectivités secondaires, tels les associations patronales et syndicales, les Eglises, les groupements idéologiques, les organisations partisanes, etc., qui servent de véhicules à la culture d'une collectivité d'hommes. Il importe également de rappeler que, dans une approche évolutive, à chaque changement dans la perception de la situation parmi les collectivités secondaires, correspond un rajustement du contenu de l'idéologie nationale.

Les analystes se restreignent souvent à concevoir le nationalisme comme une catégorie culturelle et ne scrutent les autres paliers de la société, notamment l'économie et la politique, que dans la mesure où ceux-ci deviennent visibles sous leur angle particulier d'analyse. Sans aucun doute, il faut prendre très au sérieux les divers modèles de représentations symboliques propres à une société (modèles des classes, modèles de collectivités de toutes sortes) puisque les syncrétismes nationalistes se moulent en bonne partie sur eux. Mais il importe également de mettre les représentations nationalistes en rapport avec les données de la géographie, de la démographie, de la technologie, de l'économie, de la stratification sociale et de la politique. Ces données pèsent sur les représentations nationalistes comme autant de structures incitatrices ou même contraignantes et subissent à leur tour le poids de ces dernières. Bref, les nationalismes sourdent des poussées, convergentes ou divergentes, d'une société globale et de toutes les composantes qui la constituent. Mais ils représentent des productions actives qui, en se retournant vers leurs sources, en influencent le cours.

Dans un ouvrage remarquable, [3] André-J. Bélanger conclut à l'apolitisme du nationalisme québécois durant ce qu'il considère « le grand tournant », soit les années 1934-1936. Dans l'ensemble de son exposé et plus particulièrement dans son introduction et sa conclusion, André-J. Bélanger convertit cette conclusion en une hypothèse générale qui serait valable à toutes les époques de l'histoire québécoise, les courants réformistes de la période de 1830-1840, ceux de la décennie 1950-1960 et ceux de la décennie 1960-70 ne représentant que des « assauts » libertaires qui se seraient finalement brisés contre la muraille protectrice de « l'esprit communautaire issu de l'ère médiévale ». Plus encore : la dynamique hartzienne du « fragment » qui commande les analyses d'André-J. Bélanger vaudrait autant pour les nationalismes libéral, social - démocrate et so-

---

3. BELANGER, André J., *L'apolitisme des idéologies québécoises. Le grand tournant de 1934-1936*, Les Presses de l'Université Laval, 1974.

cialiste contemporains au sein desquels la politique s'exprime pourtant de façon éclatante que pour le nationalisme conservateur traditionnaliste. Mais l'auteur de conclure (page 368) : « D'un anarchisme archaïque idéalisé par le mythe groulxiste, il y aurait passage — après un intermède de libéralisme — à un anarchisme (entendu dans son acception noble) de gauche où, à nouveau, l'observateur serait bien forcé de constater là aussi une finalité apolitique qui se dissimule parfois derrière un militantisme forcené dans l'emploi des moyens ».

La thèse d'André-J. Bélanger a au moins ceci d'utile qu'elle systématise les idées reçues. En raison de la rigueur de l'exposé, elle invite à scruter avec un soin tout particulier l'interaction du politique avec les autres paliers sociaux dans la production des nationalismes québécois. Pareille opération exige toutefois un certain nombre d'instruments d'analyse, qu'André-J. Bélanger, comme d'ailleurs la plupart de ceux qui jusqu'ici ont abordé le thème du nationalisme québécois, ont négligé de se donner.

Il convient de noter que, prenant comme cadre d'étude le Canada ou le Québec ou les deux à la fois ou successivement peu importe, le nationalisme québécois s'inscrit dans le contexte de la nation-état. Or, Karl W. Deutsch affirme : « La nation-état demeure l'instrument d'action le plus puissant dans le monde » et considère que le nationalisme représente « l'une des plus puissantes forces politiques » des sociétés contemporaines. [4] Et selon Anthony D. Smith : « Dans l'Histoire récente, le nationalisme comme mouvement ou idéologie prédomine de plus en plus, même sur le communisme » [5]. Le cas des pays en voie de développement, dont la majorité viennent tout juste de passer du statut de colonie à celui de nation-état, est éloquent à

---

4. DEUTSCH, Karl W., *Nationalism and Its Alternatives*, op. cit., 125.
5. SMITH, Anthony D., *Theories of Nationalism*, Harper and Row, New York, 1971, 3.

cet égard puisque le nationalisme y remplit le rôle d'une pseudo-religion comme ce fut le cas en Europe au dix-neuvième siècle.

Aujourd'hui comme hier, le secret du pouvoir d'attraction du nationalisme paraît dépendre beaucoup plus des satisfactions symboliques qu'il procure que des besoins qu'il permet de satisfaire. C'est dire que le succès d'un schéma donné de représentations nationalistes est précaire et toujours éphémère, comme l'ont encore montré l'exemple de plusieurs pays en voie de développement dans les années récentes et celui du Québec dans les années '60. Soumis comme ils le sont à des tensions multiples dont la nature et l'intensité fluctuent selon des rythmes imprévisibles et souvent rapides, découlant des changements de la conjoncture interne et externe, les systèmes politiques sont forcés de renouveler constamment le stock des idéologies qui leur servent de support, notamment les idéologies nationalistes. D'autres idéologies, d'autres versions du nationalisme sont appelées à la rescousse et pour un temps plus ou moins long remplissent leurs fonctions systémiques. Ce mouvement incessant d'absorption et de rejet par le système politique de versions successives du nationalisme montre qu'entre celles-ci et celui-là, il n'existe jamais une intégration parfaite et définitive. Tout au plus peut-on conclure à des accords provisoires sur les finalités et sur les modes d'action — accords qui révèlent l'existence provisoire d'un consensus social. Il importe de souligner le caractère dynamique de ces interactions entre les idéologies nationalistes et le système politique. Si, d'une part, le système politique peut absorber intégralement ou partiellement ou encore rejeter en tout ou en partie une idéologie nationaliste particulière, celle-ci, élaborée comme elle l'est par des agents sociaux autonomes, peut très bien se refuser au système politique en place et servir plutôt de support à un système politique de remplacement. La période précédant le démembrement de l'empire austro-hongrois nous fournit d'excellents exemples d'une semblables situation. Par ailleurs, c'est bien à tort qu'on fait du nationalisme une idéologie obligatoirement de « droite », conservatrice et anti-démocratique. Il se trouve de nombreux cas de nationalismes de « gauche », progressistes et démocratiques. Avant les corporatismes et les fascismes, il y eut la révolution française et les premiers nationalismes européens ; en même temps qu'eux, il y eut la révolution russe et les fusions du marxisme-léninisme avec d'innombrables nationalismes européens, afro-asiatiques, antillais et sud-américains. Il est bien possible qu'un examen des nationalismes québécois mené d'après une nouvelle problématique fasse émerger toute une gamme de commissions et d'omissions politiques à propos du nationalisme que masquent les approches jusqu'ici suivies.

Le nationalisme comporte deux facettes bien distinctes selon qu'on le considère du point de vue des intellectuels qui le formulent ou de celui des hommes politiques qui l'exploitent. Les premiers partent d'une conception particulière des valeurs et de l'Histoire. Les seconds s'en servent pour des fins de propagande politique. Enfin, même si, par le jeu de la dynamique qui lui est propre, le nationalisme tend à absorber à son profit tout le social et tout le politique, il n'en reste pas moins que, même aux époques de nationalisme fervent, le social et le politique débordent les cadres de pensée et d'action que celui-ci institue. Une étude sur le nationalisme ne saurait jamais être tenue pour l'équivalent d'une sociologie globale. Tout ce qui est social, économique, politique et même culturel n'est pas nécessairement, il s'en faut de beaucoup, nationaliste. Dans les propos qui suivent je parlerai beaucoup de culture, d'économie et de politique, mais je ne considérerai pas ces divers aspects comme structures spécifiques mais seulement pour

autant qu'ils sont envisagés sous l'optique des particularismes de la collectivité québécoise en tant que telle ou
encore mises à contribution en vue d'éclairer une facette
particulière de la collectivité québécoise considérée comme
nation.

Le nationalisme remplit trois tâches majeures : légitimer le système politique, ce qui implique la possibilité
d'en proclamer l'illégitimité, procurer un sens d'identité
collective, c'est-à-dire faire émerger une conscience spécifique du « nous » ; inspirer des revendications politiques
particulières. Conformément à la conscience du « nous »,
les portes-paroles du nationalisme présentent au système
politique certaines demandes et lui procurent (ou lui
refusent) certains soutiens. En retour, ils reçoivent des
agents politiques des informations concernant la volonté
ou la capacité du système politique d'accéder à ces
demandes et d'accréditer ces soutiens. C'est mon hypothèse qu'aucun système politique du type nation-état ne
peut survivre à une absence chronique de demandes et
surtout de soutiens nationalistes. Il est toutefois possible
que des demandes et des soutiens spécifiques ne soient
accrédités qu'en partie ou encore, par suite du rôle actif du
système politique, soient, dans le cours de la conversion
systémique, déformés et déviés des mobiles propres aux
agents nationalistes. [6]

---

6. Dans une étude du nationalisme en tant qu'idéologie David APTER
   distingue quatre fonctions du nationalisme : légitimation de l'autorité,
   création de liens de solidarité parmi les individus, développement
   d'un sens de l'identité et source de motivations en vue de l'action.
   (Dans *Ideology and Discontent*, The Free Press of Glencoe, New
   York, 1964, 15-46). Dans les faits, ces fonctions se recoupent et se
   résument aux trois tâches fondamentales que je distingue. Apter omet
   toutefois de considérer le fait qu'une idéologie nationaliste donnée
   peut aussi bien affirmer l'illégitimité d'un système politique que contribuer à en fonder la légitimité. Pareille omission constitue une faute
   de conceptualisation dont les implications pour l'analyse politique
   sont graves.

En tant que variété particulière de revendications politiques, le nationalisme affecte la capacité systémique de mobilisation des ressources requises pour la poursuite des objectifs collectifs et pour la production de décisions qui seront impératives pour l'ensemble de la société. Le soutien nationaliste peut être diffus, c'est-à-dire s'étendre à l'ensemble du système politique de façon indifférentiée, ou encore spécifique, c'est-à-dire se rapporter à l'un ou l'autre des objets politiques particuliers, soit, pour s'en tenir aux catégories de David Easton, lesquelles bien que très générales vont suffire à nos besoins : la communauté politique, le régime et les autorités. Les soutiens nationalistes peuvent également être acquis d'une manière générale ou, au contraire, se manifester à l'occasion d'enjeux spécifiques. Répétons que le soutien comprend également l'absence de soutien, absence de soutien pouvant aller jusqu'à l'opposition active ou au retrait.

Les soutiens que le nationalisme peut apporter s'étendent virtuellement à l'ensemble de tous les besoins systémiques : besoins de légitimité, de consensus, de mobilisation des énergies — le nationalisme constitue l'une des forces les plus puissantes d'intégration politique au sein des nations-états. Sans aucun doute, les porte-parole d'un schéma donné de représentations nationalistes peuvent très bien refuser d'apporter au système politique en place leur concours pour plutôt se faire les hérauts d'un système de remplacement ou même se refuser à toute compromission politique. Dans tous ces cas, les agents politiques, ou une fraction d'entre eux, restent libres d'utiliser ce schéma nationaliste à leur guise ; ils peuvent également susciter de nouveaux schémas de représentations nationalistes. De fait, l'un des problèmes les plus fascinants qui s'imposent à l'analyse politique concerne précisément les raisons, liées aux fluctuations de la conjoncture — au développement

économique ou au changement social. à l'émergence de
nouvelles élites ou de nouveaux leaders charismatiques,
etc. — pour lesquelles le soutien d'un nationalisme
donné se produit ou s'évanouit de même que la détermination de la marge de jeu dont disposent les agents
politiques dans leurs efforts incessants pour raviver,
ré-orienter ou contraindre un nationalisme affadi, démodé
ou même hostile mais encore nécessaire à la persistance de
la communauté politique, au maintien du régime ou à la
légitimation des autorités, ou encore pour esquiver un nationalisme désintégrateur, s'ajuster à un nationalisme triomphant, et ainsi de suite.

Pour comprendre l'interaction du nationalisme et du
politique, il importe finalement de considérer les deux
points suivants :

Le premier point concerne le caractère élitiste du
nationalisme. Production de l'intelligentsia, le nationalisme
ne saurait remplir pleinement sa fonction politique s'il
demeure une simple denrée pour consommation parmi
les cercles restreints des intellectuels. Il est requis que des
réseaux de communication s'établissent de façon à réduire
la distance qui sépare les élites et les masses. Ce qui est
exigé de ces dernières, ce n'est pas de comprendre toutes
les nuances doctrinales que comporte l'idéologie nationale
mais simplement de répondre aux appels à la mobilisation
que lui adressent les leaders nationalistes. Un nationalisme
privé du support au moins latent de la masse ne saurait
remplir de grandes fonctions politiques à moins que les
agents politiques décident de l'utiliser eux-mêmes à leurs
propres fins, ce qu'il leur est toujours loisible de faire surtout s'ils évoluent en dehors du cadre de la démocratie
libérale.

Le deuxième point, méconnu, mais dont la portée devrait sauter aux yeux, concerne l'insuffisance du nationalisme comme idéologie de support du système politique. Si un schéma nationaliste explicite officiel sous-tend généralement la nation-état, cette dernière peut survivre un certain temps même en l'absence d'une adhésion concrète des agents politiques à une forme de nationalisme comme c'est probablement le cas au Québec depuis 1970 sous le gouvernement de Robert Bourassa, même si ce gouvernement juge quand même utile de se proclamer de temps à autre l'agent d'une « souveraineté culturelle ». De fait, il serait difficile de démontrer qu'un gouvernement ait réussi à prendre le pouvoir et à le conserver grâce au seul support d'une idéologie nationaliste. Tout nationalisme, quel qu'il soit, est impuissant à lui seul à fournir aux agents politiques les garde-fou et les justifications dont ils ont besoin pour surmonter les sources de tensions qui éprouvent le système politique en ses diverses parties de même que pour permettre aux agents politiques de poser les actes de gouvernement requis d'eux. Le nationalisme ne révèle toute sa force — et alors cette force peut être fracassante — que lorsqu'il est associé à une autre idéologie — libéralisme, conservatisme, corporatisme, fascisme, socialisme — également intimement reliée au système politique puisqu'elle en définit le régime. La phase politiquement la plus intense d'un schéma donné de représentations nationalistes correspond toujours à son degré maximum de fusion à l'idéologie qui définit le régime politique. A un certain moment, généralement dans les périodes de grandes tensions, les deux se confondent presque. Il est difficile de distinguer le soutien que le système politique reçoit de l'une et celui qu'il retire de l'autre. Mais dès que des différentiations surviennent au sein du double support idéologique, on s'aperçoit que c'est généralement l'idéologie sociale (l'idéologie du régime) plus que l'idéologie nationale (l'idéologie de la communauté politique) qui influe le plus sur la persistance du système politique.

Les rapports qui lient l'idéologie nationale à l'idéologie sociale et vice-versa sont toutefois toujours suffisamment intimes pour que, dans l'examen de l'une, on doive faire référence à l'autre. C'est ainsi qu'on s'épargnerait bien des efforts si, en cherchant à caractériser les nationalismes d'une société, on en établissait la périodicité par rapport au type d'idéologie sociale dominante aux diverses époques ou encore à l'idéologie sociale de référence des agents d'une idéologie nationale donnée. C'est ainsi qu'au Québec on distinguerait un nationalisme conservatiste, un nationalisme libéral, un nationalisme social-démocrate et un nationalisme socialiste. Ces nationalismes caractérisent autant d'époques : le nationalisme conservatiste domine officiellement depuis le début du dix-neuvième siècle jusqu'à 1960 ; le nationalisme libéral, depuis 1960, tandis que le nationalisme social-démocrate et le nationalisme socialiste se présentent comme des idéologies de remplacement avant même 1960, et surtout depuis 1965.

Je vais adopter ici cette périodisation. Il ne faudrait toutefois pas conclure à un développement linéaire d'une phase à l'autre. Au contraire, bien qu'une formation particulière domine généralement sur les autres à un moment donné, toutes peuvent co-exister. Ce fut et c'est encore le cas au Québec. Par exemple, durant la période de dominance de l'idéologie nationaliste conservatiste, l'idéologie nationaliste libérale connut d'assez fortes poussées, entre 1830 et 1845 et encore entre 1950 et 1960. De même, depuis 1960, prédomine une idéologie nationaliste libérale sans que l'idéologie nationaliste conservatiste ait été pour autant mise au rancart. Et il est imprudent d'affirmer, comme il arrive souvent de le faire, que les versions socialistes du nationalisme qui ont cours depuis 1960 n'ont pas de racines dans le passé québécois. Il se peut enfin qu'une variété de nationalismes déjà mise au rancart resurgisse ultérieurement. Sous l'effet toutefois du nouveau contexte social, il est probable que les formes qu'il assumera alors seront bien différentes des formes anciennes. C'est précisément ce qui se passe aujourd'hui en ce qui a trait au nationalisme conservatiste. A côté du nationalisme conservatiste ancien axé sur les cadres de la société traditionnelle, un néo-nationalisme conservatiste, celui-là bien ancré dans la société moderne, urbaine et industrielle et auquel le Parti libéral du Québec, entre autres, sert de véhicule, est en train de prendre forme. Ces deux nationalismes conservatistes, si différents par leur forme et leur contenu qu'ils puissent être, ont cependant en commun un élément essentiel : l'un et l'autre consacrent leur énergie à la défense du *statu quo* tel, bien entendu, qu'il se présente à chacun d'eux. L'un et l'autre, et c'est là l'essentiel, constituent des facteurs de résistance au changement. [7]

---

7. Bien que dans tout nationalisme l'idéologie nationale et l'idéologie sociale soient intimement imbriquées l'une dans l'autre, en toute rigueur il faudrait toujours chercher à les distinguer scrupuleusement afin de découvrir en quoi elles se consolident mutuellement, en quoi également, à l'insu des agents sociaux et politiques, elles peuvent être fonctionnellement incompatibles. Je relèverai à l'occasion ces interactions manifestes et latentes entre idéologies nationales et idéologies sociales mais je ne chercherai pas à en approfondir ni les origines ni les implications comme il conviendrait de le faire dans une étude qui se voudrait rigoureuse.

# Le nationalisme conservatiste

Même dans un exposé qui entend insister sur les nationalismes québécois récents et actuels, il importe de revenir sur les anciens nationalismes puisque, comme toute formation sociale passée, ces derniers subsistent à coup sûr en tant que sédiments ou résidus historiques et comme tels ils sont susceptibles d'exercer une influence sur les orientations d'aujourd'hui. Cette influence toutefois reste à déterminer. La « théorie » hartzienne des « fragments » que la majorité de nos historiographes, notamment l'école historique de Montréal de Michel Brunet et de Maurice Séguin, acceptent implicitement et sur laquelle André-J. Bélanger fait reposer ses analyses, postule que les schèmes de représentations symboliques que transportent les premiers colo-

nisateurs pèsent comme un lourd héritage sur les générations subséquentes, contraintes qu'elles sont à retomber
éternellement dans les sillons déjà tracés selon les données
en vigueur à ce moment dans la mère-patrie par la géné-
ration-souche transplantée en terre neuve. De son côté, la
« loi » des résidus historiques ou des pseudomorphismes à
laquelle Platon, Hegel, Marx et Weber, entre autres, se
sont souvent référés se borne à stipuler que les formations
sociales anciennes sont susceptibles de réapparaître sous
des formes imprévisibles dans les formations sociales subséquentes et cela sous l'action des souvenirs qu'elles laissent
dans la mémoire des générations de même que des traces
qui en subsistent dans les institutions longtemps après leur
disparition comme formations sociales dominantes. Il s'impose de noter qu'ici il ne s'agit aucunement de camisoles
de force comme dans le cas de la « théorie » des « fragments », mais simplement de pré-conditionnements dont la
nature et la portée ne peuvent être établies d'avance et
dont l'étreinte peut être en grande partie sinon entièrement
esquivée.

Il ne sera question ici que des nationalismes conservatistes anciens, c'est-à-dire de ceux qui ont tenu une place
de premier plan depuis le milieu du dix-neuvième siècle
jusqu'à 1950 ou même 1960 et qui se rivèrent sur la société
traditionnelle comme cadre de référence. Bien que dans
le reste de mon exposé je m'en tiendrai au singulier, c'est
à dessein qu'au départ j'emploie le pluriel. Les deux principaux chefs de file, en effet, Henri Bourassa et Lionel
Groulx, bien qu'ils fussent largement d'un commun sentiment en ce qui touchait au régime politique qui, selon eux,
convenait aux Canadiens français, tinrent des positions
assez différentes, voire même parfois opposées, en ce qui
concernait la communauté politique de référence. Tous
deux furent « conservatistes » en ce sens qu'ils témoignè-

rent leurs préférences pour une sorte de corporatisme et qu'ils méprisèrent les partis politiques et la plupart des institutions marquées du sceau du libéralisme « anglo-saxon ». Bourassa et Groulx favorisèrent l'un et l'autre une large « autonomie » pour le Québec, mais, tandis que Bourassa considéra presque toujours le Canada comme son cadre de référence politique, Groulx, au contraire, se riva à plusieurs reprises sur le Québec et même tint des positions clairement séparatistes.

Disciples — Esdras Minville, André Laurendeau, Richard Arès, François-Albert Angers, Guy Frégault, Michel Brunet, etc. — ; journaux et revues — *Le Devoir, L'Action française* et puis l'*Action nationale, L'Actualité économique, La Relève, Vivre, La Nation* — ; mouvements — la Société Saint Jean-Baptiste, l'Ordre de Jacques-Cartier, l'Ecole sociale populaire, les Jeunes-Canada, l'Alliance laurentienne, — ; groupes d'intérêt tels que la Confédération des Travailleurs catholiques du Canada jusqu'en 1949 et l'Union catholique des cultivateurs ; des partis politiques comme l'Union nationale et, de façon exacerbée parce que tardive, les créditistes véhiculent la pensée des maîtres, se livrent à des exégèses polémiques et ajustent ces nationalismes conservatistes doctrinaux conformément à leurs interprétations de la mouvance des situations.

Je vais présenter la matière selon les points suivants : conditionnements du nationalisme conservatiste ; ses arguments ; sa portée politique et, finalement, ses fonctions politiques.

## 1. *Les conditionnements du nationalisme conservatiste*

Le nationalisme conservatiste s'ancre profondément dans le temps : pour lui, l' « événement formateur », d'où découle tout le devenir des colons français en terre d'Amérique, c'est la conquête de 1760. La rupture des liens avec la mère-patrie, la France, a produit le premier élément constant de la condition des Canadiens français : leur isolement. Les premiers grands nationalistes, tels Henri Bourassa et Lionel Groulx, voyaient pourtant un motif de fierté dans le fait que les Canadiens français aient essaimé partout en terre d'Amérique : en Ontario, dans les Prairies, en Louisiane, en Nouvelle-Angleterre. Ces grandes migrations, ils les considéraient même comme partie intégrante de la « mission française en Amérique ». Ce sont les disciples qui perdirent foi dans la vocation missionnaire des Canadiens français. Ces derniers, en effet, leur apparaissent seuls, différents des autres peuples d'Amérique et partout menacés d'être anéantis dans l'immense « mer anglo-saxonne » au sein de laquelle ils ne constituent que des îlots dispersés. Seuls là où un assez grand nombre d'entre eux se trouvent rassemblés, sur les bords du Saint-Laurent, berceau de leur « race », peuvent-ils espérer surnager. Encore leur faudra-t-il resserrer les rangs et vivre conformément à leur « âme ancestrale ». D'où leur ethnocentrisme obligé. Sauf chez les premiers grands chefs de file, le nationalisme conservatiste présente la vision d'un monde complètement tourné sur soi. Chez tous, cependant, le « nous » et l'« autre » sont clairement identifiés et opposés l'un à l'autre. Condamnés à vivre comme une minorité permanente au milieu d'étrangers infiniment supérieurs à eux dans tous les domaines, les Canadiens français ne sauraient survivre que s'ils savent se protéger contre toutes les sources de contamination en se recroquevillant sur eux-mêmes. D'où leur insécurité individuelle et collective que le nationalisme conservatiste reflète et tente d'exorciser.

## 2. *Les arguments du nationalisme conservatiste*

En contre-poids à son analyse de la situation, le nationalisme conservatiste proclame la ferme volonté de survivance des Canadiens français. Cette volonté de survivance se justifie à la fois par l'affirmation de la supériorité de la culture canadienne-française et par le fait que cette culture représente le seul bien qu'ils possèdent en propre. Les Canadiens français cependant ne conserveront une identité originale que s'ils restent fidèles à leur passé, d'où l'obligation qui leur est faite de respecter leurs traditions et de refuser tout changement susceptible de mettre ces dernières en brèche. La langue et la foi représentent les traditions les plus sacrées. L'une d'ailleurs ne va pas sans l'autre puisque « la langue est la gardienne de la foi » et qu'avec la perte de la foi chrétienne et catholique, la langue serait menacée de disparaître ou, tout au moins, se trouverait mise au service de finalités étrangères et même contraires à la mission spiritualiste de la « race élue ». Les Canadiens français ont en effet un rôle apostolique à exercer en Amérique du Nord et ils ne sauraient le faire qu'en se prémunissant contre tout danger d'infiltration de leur culture de la part de l' « esprit matérialiste anglo-saxon » et du protestantisme envahissants. Ainsi que François-Xavier Garneau concluait son *Histoire du Canada* : « que les Canadiens soient fidèles à eux-mêmes ; qu'ils soient sages et persévérants, qu'ils ne se laissent point séduire par le brillant des nouveautés sociales et politiques ! Ils ne sont pas assez forts pour se donner carrière sur ce point. C'est aux grands peuples à faire l'épreuve de nouvelles théories... Pour nous, une partie de notre force vient de nos traditions ; ne nous en éloignons et les changeons que graduellement. »

Il s'ensuit que les Canadiens français ont besoin de cadres protecteurs : la famille, la paroisse rurale, l'Eglise.

Ce n'est qu'en suivant fidèlement les directives de leur clergé, qu'en épaulant les élites locales, qu'en évitant les luttes fratricides, qu'ils peuvent espérer rester fidèles à leurs origines. C'est en respectant les bornes des solidarités ancestrales dont la clé de voûte réside dans le paternalisme d'ordinaire bienveillant de leurs élites cléricales et laïques qu'ils poursuivront le bon chemin.

C'est ainsi que les promesses de félicité dans l'autre monde compensent pour les misères de celui-ci ; que la « revanche des berceaux » oppose une digue peu coûteuse aux assauts incessants des vagues toujours plus élevées de la « mer anglo-saxonne », que l'agriculture constitue un mode de vie protecteur contre l'industrialisation et l'urbanisation envahissantes et corrosives du tempérament canadien-français en ce qu'elles portent la marque indélébile du « génie anglo-saxon ».

C'est surtout contre l'industrie et la ville que les nationalistes conservatistes ont prêché. Pour eux l'économie devait être nécessairement au service de la culture et non l'inverse. Par la force des choses, l'industrie et la ville constituaient pour les Canadiens français des lieux de « perdition », c'est-à-dire d'assimilation au monde « anglo-saxon ». Trop faibles pour imaginer des styles de vie qui leur conviendraient dans ces cadres sociaux déjà monopolisés par les « anglo-saxons » et qui seraient de toute manière toujours sous leur domination, en cherchant à s'y intégrer, les Canadiens français s'y dissolvraient. De la sorte convaincus du caractère suicidaire de toute tentative concertée par les Canadiens français d'accéder à la modernité, les nationalistes conservatistes ont voulu river ces derniers aux cadres de la société traditionnelle, agricole et artisanale. Ils ont préconisé comme solutions aux graves problèmes qui confrontaient les Canadiens français « le retour à la terre », la « colonisation » dans les paroisses aux terres de roches des

« concessions » et l'« achat chez nous ». Même en plein deuxième quart du vingtième siècle, bien que la plupart habitassent Montréal, l'une des villes qui s'industrialisait le plus rapidement en Amérique du Nord et où, au surplus, vivait le tiers des Canadiens français du Québec, ils s'obstinaient à énoncer les mêmes objectifs et préconisaient les mêmes solutions comme si rien n'avait changé.

Les mots d'ordre et les anathèmes du nationalisme conservatiste trahissaient de plus en plus des tendances schizophréniques à mesure que les lignes maîtresses de l'implacable évolution vers la modernité se dessinaient au Québec. C'est ainsi qu'abandonnées à elles-mêmes, les masses accédèrent à la vie industrielle et urbaine par la petite porte : en tant que « porteurs d'eau et scieurs de bois ». Lorsqu'elles se réveillèrent moralement et intellectuellement de la torpeur où les maintenaient les enseignements traditionnels, ce fut pour se libérer des tabous qui avaient si longtemps réglé leur vie. Mais, privés de « l'espoir dans la race » et ne pouvant plus être fidèles à « notre maître le passé », elles ne trouvèrent plus devant elles que le vide.

## 3. *Le nationalisme conservatiste et la politique*

C'est à tort que plusieurs voient dans le nationalisme conservatiste une idéologie apolitique. Sous-jacent à ce nationalisme, s'exprime une conception précise de la politique, conception qui a imprégné la culture politique de plusieurs générations d'étudiants des collèges classiques, cette grande institution formatrice des élites canadiennes-françaises traditionnelles. L'impression d'apolitisme découle d'une illusion d'optique : ce n'est pas avec la société industrielle ni avec les idées et les institutions de la démocratie

libérale qu'il faut confronter le nationalisme conservatiste
mais bien plutôt avec la société pré-industrielle et la France
de l'Ancien Régime ou encore les régimes corporatistes.
André-J. Bélanger (page 180) affirme que « le 'nous'
social que les nationalistes énoncent revêt un caractère de
fluidité qui n'offre aucune prise à l'action politique ». C'est
là une représentation inadéquate du nationalisme conservatiste. En effet, lorsqu'on sur-impose le « 'nous' social
proposé » aux composantes bien connues de la société pré-
industrielle, on s'aperçoit que loin d'être fluide il est au
contraire perçu de façon très précise. Et si, par contre, il
semble bien à première vue que ce « nous » « n'offre aucune prise à l'action politique », c'est que le projet politique
du nationalisme conservatiste se trouvait à sa source même
tronqué. En effet, le système politique de référence des
porte-parole de ce nationalisme était un fédéralisme fortement décentralisé couplé d'un corporatisme paternaliste
alors que les Canadiens français se trouvaient en réalité
confrontés avec un fédéralisme de plus en plus centralisa-
teur et, à sa face tout au moins, un régime démocratique
libéral bien en selle. En dépit de cette position contra-
dictoire et pour lui sans issue, il se révèle quand même
que le nationalisme conservatiste se préoccupa beaucoup
de politique et que les liens du nationalisme conservatiste
et de la politique furent, durant cette longue période qui
va de 1840 et plus particulièrement de 1890 à 1960, généralement très étroits.

Le soutien que le nationalisme conservatiste apporta
au système politique en place fut d'ordre intégratif.
C'est ainsi, par exemple, qu'il perçoit généralement, du
moins de fait, la communauté politique comme constituée
de l'ensemble de la population canadienne. Pour Bourassa
et même, bien que de façon beaucoup moins précise et
empressée, pour Groulx, le Québec constitue un sous-

système du système politique canadien. Sur ce point, l'accord entre les porte-parole du nationalisme conservatiste et leurs compatriotes anglophones est virtuellement complet. Les uns et les autres approuvent la formule fédérative de gouvernement et en vantent les mérites. Les nationalistes conservatistes, tout comme les anglophones, et même souvent plus qu'eux, cherchent à consolider l'indépendance du Canada, d'abord vis-à-vis de l'impérialisme britannique puis contre les velléités d'annexionnisme américain. Cependant, à l'encontre des intellectuels anglophones et de certains francophones, les porte-parole du nationalisme conservatiste restent froids devant les tentatives, d'ailleurs généralement avortées. de stimuler toute forme de nationalisme pan-canadien ou de « canadianisme ». Pour eux, le Canada reste une construction « artificielle » et sa persistance repose sur un « mariage de raison ». La « patrie » véritable, celle du coeur, est pour eux le Canada français, dont les frontières, assez floues, finissent pour plusieurs par se confondre avec celles du Québec. D'où l'usage ambigu que les nationalistes conservatistes font du terme « national ». Cet usage s'applique à la fois dans les références à l'ensemble du contexte canadien, celles qui portent sur le « Canada français » et, également, à celles qui ont trait au Québec comme cadre social et politique. Mais entre chacun de ces usages existent de subtiles nuances conceptuelles et surtout affectives que seuls ceux qui comprennent bien les positions des nationalistes conservatistes parviennent à saisir.

Opter pour un fédéralisme décentralisé, cela ne fut pas exclusif aux nationalistes conservatistes. Nombre de Canadiens anglophones et de francophones non nationalistes soutinrent semblable position. Ils furent toutefois les seuls à convertir cette position en une idéologie particulière, qui devint d'ailleurs une composante centrale du

nationalisme conservatiste. Cette idéologie s'appelle autonomisme. Par autonomisme, il faut entendre la ferme conviction selon laquelle les Canadiens français ne seront vraiment protégés dans leur culture et leurs intérêts particuliers
que si le gouvernement qu'ils contrôlent, celui du Québec,
jouit de larges prérogatives politiques par rapport au gouvernement « central » de même qu'une ferme volonté
d'adopter, en toute circonstance, les positions qui favorisent l'exercice de semblables larges prérogatives politiques
pour le Québec : « Québec d'abord », théorie du « pacte
entre deux peuples », théorie des « deux nations », doctrine
des « Etats associés », « récupération des pouvoirs cédés au
fédéral », etc., autant de formules et de thèses qui montrent
le caractère bien vivant, sinon l'influence concrète, de
l'autonomisme en tant que composante particulière du
nationalisme conservatiste.

Ce ne sont pas les déclarations pro-séparatistes qui
manquent dans l'oeuvre de l'Abbé Groulx. [1] Au contraire,
dans ses travaux de jeunesse et puis, beaucoup plus tard,
ceux de la fin de sa vie, il se prononce avec chaleur en
faveur d'un « Etat français » et, très souvent, cet « Etat
français » est clairement perçu comme co-extensible au
Québec et un Québec virtuellement indépendant du reste
du Canada. La question du séparatisme constitua d'ailleurs
toujours une pomme de discorde parmi les nationalistes
conservatistes. Henri Bourassa et ses disciples furent farouchement opposés à l'option séparatiste. Même Groulx d'ailleurs, quand il manifeste sa préférence pour le séparatisme,
on sent que c'est son coeur qu'il laisse parler. Quand il
regarde froidement les choses, il donne l'impression de ne
pas croire que le rêve séparatiste est réalisable. En outre,
il se méfiait des autorités politiques en place au Québec.

---

1. Sur le séparatisme de Groulx, voir GABOURY, Jean-Pierre, *Le
nationalisme de Lionel Groulx, Aspects idéologiques*, Editions de
l'Université d'Ottawa, 1970, 153-160.

Il accusait notamment Maurice Duplessis d'avoir trahi les espoirs de 1935 et, tout comme ses prédécesseurs Honoré Mercier et Alexandre Taschereau, de dilapider les ressources naturelles du Québec au profit des étrangers.

Le nationalisme conservatiste est fermement opposé au régime politique en place. Sans doute, les protagonistes de cette idéologie subirent inconsciemment l'influence du vieux libéralisme, celui du laissez-faire qui dominait sur la scène politique québécoise. C'est du moins ce que laisse croire leur vision harmonique et consensuelle de la société et leur anti-étatisme dont Michel Brunet [2] et Ramsay Cook [3] ont fort bien montré toute l'ampleur. L'opposition au libéralisme philosophique en tant que corrosif de l'esprit canadien-français par son individualisme et son matérialisme transparaît toutefois partout là où il est question de politique. De même, l'opposition aux partis politiques, à la règle de majorité, aux associations patronales et ouvrières à l'américaine, c'est-à-dire en tant que groupes d'intérêt et, même, chez Groulx et surtout chez plusieurs de ses disciples, aux institutions parlementaires britanniques montre bien qu'on ne tient pas le régime libéral et démocratique en haute estime.

Au régime libéral et démocratique qu'on méprise, on oppose un certain corporatisme que les disciples surtout tentent d'ériger en système. Ce corporatisme, conçu indépendamment des fascismes européens des années '20 et '30 mais éventuellement fortement influencé par ces derniers, visait à faire reposer l'ensemble de la société politique sur les diverses associations professionnelles que, conformément à l'expression reçue dans l'Ancien Régime, on appelait sou-

---

2. BRUNET, Michel, « The French Canadians' Search for a Fatherland », dans RUSSELL, Peter, editor, *Nationalism in Canada*, McGraw Hill of Canada, Toronto, 1966, 47-61.

3. COOK, Ramsay, *Canada and the French Canadian Question*, Macmillan of Canada, Toronto, 1966.

vent les « corps intermédiaires », expression que l'on retrouve jusque dans les déclarations qui présidèrent à la
création des « Etats-généraux du Canada français » en
1963. [4]

Si les protagonistes du nationalisme conservatiste n'al-
lèrent pas jusqu'au bout de leur logique et s'ils omirent de
mettre concrètement en oeuvre les moyens qui leur eussent
permis de substituer un régime corporatiste au régime
libéral et démocratique honni, ce fut sans aucun doute par
sentiment d'incompétence et d'impuissance, mais ce fut
également en raison du respect infini qu'ils manifestèrent
à l'endroit de l'ordre établi. « Toute autorité vient de
Dieu » ; quand le père Lévesque, en 1950, déclarera que
« la liberté aussi vient de Dieu », on le prendra dans les
milieux nationalistes pour un dangereux révolutionnaire, ce
qui bien entendu fera l'affaire des autorités en place, à
commencer par le Premier Ministre Maurice Duplessis qui,
à juste titre, voyait dans le père Lévesque un adversaire
irréductible. La portée politique du nationalisme conservatiste ne peut être pleinement saisie que si on resitue au
centre de cette idéologie la « mystique du chef » qui donne
lieu à tant d'exercices, par ailleurs assez stériles, pour célé-
brer les héros parmi les fondateurs et les habitants de la
Nouvelle-France. L'abbé Groulx arrêta son choix sur Dollard des Ormeaux — tirant d'un quasi-oubli ce brave colon,
guerrier d'un jour, et obligeant de la sorte des générations
successives de collégiens à démontrer, à la suite du maître,
dans des devoirs et des discours patriotiques, comment il
avait bien pu devenir tout à coup le « sauveur de la
Nouvelle-France ».

Il s'ensuit que, somme toute et pour l'ensemble, le
nationalisme conservatiste apporta son soutien, tantôt diffus,

---

4. Voir TRENT, John, « Considerations for the Study of the Estates
General of French Canada », Queen's University, 1970 (Inédit).

tantôt spécifique, au système politique en place. Là où ses protagonistes auraient été tentés de ruer dans les brancards, à propos de la communauté politique et du régime, un fort sentiment d'incompétence et d'impuissance ( « on est né pour un petit pain » ) et surtout le respect absolu de l'autorité se chargeait vite de leur rappeler que, s'ils étaient des patriotes, ils étaient peut-être encore davantage des « conservateurs ».

C'est pourquoi, quand la noble et impossible vision d'une mission apostolique, plutôt qu'économique, pour les Canadiens français se fût évanouie avec le déclin de l'influence de l'abbé Groulx, qui fut clerc avant d'être nationaliste, l'optimisme foncier de ce nationalisme disparut. Forcés de se rendre compte que l'Etat et non plus l'Eglise était devenu le seul cadre protecteur possible des Canadiens français et que, la foi religieuse s'étant dissipée, elle ne pouvait plus compenser pour l'impuissance économique, les disciples, ainsi le Michel Brunet de la fin des années '50, versèrent dans le pessimisme et la résignation. ( « Les choses étant ce qu'elles sont, les Anglais ne peuvent pas nous avaler, mais on ne peut pas grossir non plus » ). [5]

## 4. Les fonctions politiques du nationalisme conservatiste

Comme le soutient Pierre Elliott Trudeau [6], il est certain que le nationalisme conservatiste a agi comme un écran

5. A ce sujet, voir mon article « Le nationalisme pessimiste. Sa source, sa signification, sa validité », *Cité libre*, nov. 1957, 3-18. Traduit en anglais et reproduit dans COOK, Ramzay, ed., *French Canadian Nationalism*, Macmillan of Canada, Toronto, 1969, 294-304. Pour un point de vue similaire, voir : BLAIN, Jean, « Economie et société en Nouvelle-France : l'historiographie des années 1950-1960. Guy Frégault et l'école de Montréal », *Revue d'histoire de l'Amérique française*, vol. 28, no 2, 1974, 163-187.
6. TRUDEAU, Pierre Elliott, directeur de publication, *La grève de l'amiante*, les éditions Cité Libre, Montréal, 1956, 1-92.

servant à masquer aux Canadiens français leur situation réelle. (N'est-ce pas d'ailleurs le fait de toute idéologie ?) Mais, continue Trudeau, en même temps que le nationalisme conservatiste justifiait la dominance de schèmes de représentations symboliques et d'institutions anachroniques, il constituait, selon le titre même de son article le plus connu dans les milieux anglophones puisqu'il fut originellement publié en anglais [7], le plus formidable obstacle à la démocratie au Québec. Quelle est donc la portée exacte de ce jugement ?

Tant est lourd le poids des grandes formations idéologiques passées, il est probable que, malgré certaines évolutions récentes dans nombre de domaines de la pensée et de l'action, le credo du nationalisme conservatiste, même après sa mise au rancart officielle, continue à exercer une certaine emprise sur les esprits, même chez ceux qui s'estiment au-dessus de pareilles vicissitudes. Un premier problème pourtant se pose : les Canadiens français, en raison des conditions qui sont les leurs, seraient-ils condamnés à demeurer rivés à perpétuité à des valeurs et à des modes de comportements en définitive dérivés de la société préindustrielle ? Plus encore : devraient-ils prendre conscience de ce fait, l'assumer complètement, et s'en servir comme point de départ de leur actuelle recherche d'une culture mieux adaptée à leur vouloir-être d'aujourd'hui ? C'est ce vers quoi paraît conduire la thèse d'Edouard Cloutier. [8]

---

7. « Some Obstacles to Democracy in Quebec », *Canadian Journal of Economics and Social Science*, vol. 24, no 3, 1958, 297-311, traduit de l'anglais par Pierre Vadeboncoeur, et reproduit dans TRUDEAU, Pierre Elliott, *Le fédéralisme et la société canadienne-française*, HMH, Montréal, 1967, 107-128.

8. CLOUTIER, Edouard, « Les fondements micro-économiques du nationalisme canadien-français : une hypothèse », texte présenté lors de la réunion annuelle de la *Canadian Political Science Association*, juin 1974. Se fondant sur des sondages, Maurice Pinard et Raymond Breton estiment, au contraire, qu'il n'existe guère, entre francophones et anglophones, de différences dans les attitudes économiques. Voir :

La similitude de ce type d'argumentation avec la « théorie » hartzienne des « fragments » frappe. Semblable thèse est d'un intérêt certain pour l'analyse de la culture politique québécoise. Mais, pas plus que dans le cas de celle de Louis Hartz, elle ne me convainc pas. Je ne peux concevoir l'existence de déterminismes historiques ou culturels si tenaces qu'ils fixeraient de la sorte une fois pour toutes les caractéristiques intellectuelles et affectives d'un peuple. Au dix-septième siècle, ne disait-on pas des Anglais qu'ils étaient par nature frondeurs et révolutionnaires et des Français qu'ils étaient dociles et conservateurs ?

Je ne mets pas en doute les conclusions des travaux de Gilles Auclair pour le compte de la Commission d'enquête sur le bilinguisme et le biculturalisme sur lesquels Edouard Cloutier s'appuie non plus que d'autres études dont les conclusions vont dans le même sens : les attitudes et les comportements économiques des Canadiens français trahissent une mentalité pré-industrielle. Il s'ensuit qu'ils diffèrent des anglophones, qui eux, manifestent tous les traits propres à la société industrielle. Ces différences, encore une fois, révèlent l'emprise des situations antérieures de même que du nationalisme conservatiste sur les contemporains. Il serait toutefois imprudent d'en déduire, comme le font les interprétations déterministes, qu'elles sont la conséquence obligée et permanente d'une sorte d'ordre naturel et immuable des choses.

Est-ce à dire pour autant que le seul modèle de développement culturel que les Canadiens français auraient dû

PINARD, Maurice, « Ethnic Loyalty, Constitutional Options and Support For Independentist Parties in Quebec : Some Basic Dimensions », 1974 (inédit) ; — and HAMILTON, Richard, « The Recent Quebec Elections : An Analysis of the Electorate », 1974 (inédit) et « Separatism and the Polarization of the Quebec Electorate : the 1973 Provincial Elections », 1974 (inédit) ; BRETON, Raymond, « Etude sur la satisfaction au travail », 1972.

se donner ou qui leur conviendrait encore aujourd'hui, est le modèle libéral et démocratique à l'anglaise ou à l'américaine comme le supposent explicitement ou implicitement Pierre Elliott Trudeau et la plupart des analystes libéraux, surtout parmi les anglophones ? Ce serait là franchir un pas énorme que les données présentement à notre disposition nous incitent à ne pas faire, du moins pas avant un examen approfondi des manifestations les plus significatives de la culture politique québécoise.

C'est à ce point de son interprétation du nationalisme conservatiste que je me dissocie de Trudeau. Autant son argumentation me paraît valable quand il s'agit de démontrer comment le nationalisme conservatiste a détourné les Canadiens français des principes et des pratiques de la démocratie libérale, autant, à mon avis, il est incongru de passer aux condamnations comme il le fait sans même se demander si ce type de nationalisme n'exerça pas pendant longtemps des fonctions sociales utiles (de protection collective, etc.) et autant encore il est imprudent de conclure, comme s'il s'agissait du seul enchaînement logique qui s'impose, que la « réhabilitation » des Canadiens français après tant d'années de « grande noirceur » doive nécessairement passer par les sentiers de la démocratie libérale depuis longtemps tracés par les Anglais et les Américains et, à des degrés moindres, par certains autres peuples occidentaux (sentiers que ces mêmes peuples paraissent en train de délaisser aujourd'hui !).

Il est possible de formuler une tout autre hypothèse : le nationalisme conservatiste s'est concrétisé dans trois modes de cultures différents.

En premier lieu, la culture politique des élites supérieures (haut clergé, ministres et députés fédéraux, grands brasseurs d'affaires, scientifiques) qui, tout en adhérant en principe aux articles essentiels du credo du nationalisme conservatiste (catholicisme, messianisme, anti-libéralisme, agriculturisme, autonomisme politique, etc.) adoptèrent concrètement les schèmes culturels anglophones dans les divers domaines d'activité dans lesquels ils se trouvaient impliqués (religion, politique, affaires, science).

En second lieu, la culture politique des élites inférieures ou des notables régionaux et locaux (curés, médecins, notaires, institutrices, professeurs de collège, commerçants et industriels de petite ville) qui, eux, adhèrent en toute bonne foi à l'ensemble du credo, l'adaptent aux conditions concrètes de leur vie, socialisent selon des recettes éprouvées la fraction de la jeunesse qui a la « chance » d'accéder au collège classique, lieu par excellence de formation de l'élite de la prochaine génération et veillent à ce que survive la « foi du charbonnier » parmi l'ensemble de la population.

En troisième lieu, la culture politique des « masses » — un terme que les élites n'utilisèrent jamais (on parlait plutôt de « fidèles », de « peuple », d' « habitants » ) — auxquelles on communiquait les rudiments de formation indispensable aux besoins de la vie simple qu'ils menaient comme cultivateurs, manoeuvres, journaliers, artisans ou travailleurs d'usine de même que les croyances qui les conduisaient à accepter docilement leur lot qui, sans être toujours pénible, les rivait à une condition socio-économique inférieure et à un statut politique de sujets.

Nous ne sommes pas en mesure d'infirmer ou de confirmer cette hypothèse. Il est plausible qu'elle soit valable puisqu'elle se vérifie chez d'autres peuples qui adhèrent à un modèle de société traditionnelle à condition coloniale et chez lesquels on retrouve des statuts hiérarchiques à triple paliers. Des indications tirées de trois études [9] per-

---

9. WARD, Norman, HOFFMAN, David, *Bilingualism in the House of Commons*, Royal Commission of Inquiry on Bilingualism and Biculturalism, Ottawa, 1968 ; KORNBERG, Alan, *Canadian Legislative*

mettent de conclure qu'à l'exception des députés créditistes que leurs origines sociales apparentent à l'élite inférieure sinon à la « masse » et dont les attitudes et les comportements ressemblent étroitement à cette dernière, les députés du Québec à Ottawa adhèrent aux mêmes valeurs et aux mêmes normes politiques que l'ensemble de la députation anglophone du pays Si Ward et Hoffman ont pu saisir certaines différences, par exemple en ce qui concerne le rôle du député en tant que représentant de sa circonscription et agent de patronage, Kornberg, pour sa part, conclut que, malgré toutes les différences dans les pressions diverses qui sollicitent les députés francophones et les députés anglophones et compte tenu des allégeances partisanes, les premiers adhèrent essentiellement aux mêmes normes et aux mêmes valeurs que les derniers. A la lumière des résultats obtenus, il se dit incapable de vérifier ou de contredire la théorie « culturaliste ». Il se peut cependant, selon lui, qu'en raison des sollicitations contradictoires auxquelles les députés sont soumis — sollicitations émanant, d'une part, de leur communauté ethnique d'origine et, d'autre part, du cadre de travail « anglais » qui est le leur — les députés canadiens-français n'échappent pas à certains conflits psychologiques dans l'exercice de leur rôle de parlementaires. Les conditions se prêteraient et de meilleures analyses si on comparaît plutôt les attitudes et les comportements des députés à l'Assemblée nationale du Québec à ceux de l'Ontario. Il serait également utile de mener une étude semblable auprès des hommes d'affaires francophones qui évoluent en milieu anglais et en milieu français.

---

*Behavior*, Holt, Rinehart and Winston, New York, 1967. Voir également MANZER, R., *Canada : A Socio-Political Report*, McGraw-Hill Ryerson, Toronto, 1974, 187-263 ; DUERN, Normand, « Cohesion and Factionalism in Federal Political Parties », M.A. Dissertation, McGill, University, 1969. Egalement : DE SALABERRY, Charles-Michel d'Inumberry, « Culture and Nationalism in Quebec Politics », M.A. Dissertation, Queen's University, 1972.

Tout ce dont nous sommes certains à propos de l'élite supérieure, c'est que les arguments qu'elle a utilisés pour légitimer son hégémonie furent virtuellement tous tirés du nationalisme conservatiste. Son adhésion était-elle sincère ou, plutôt, peut-on croire à un certain cynisme de sa part quand on considère à quelles compromissions elle dut consentir pour « vivre avec les Anglais ». et cela qu'il s'agisse de religion, de politique, de science ou d'affaires ? Serait-ce là finalement le secret de la survivance des Canadiens français ? Cette survivance n'aurait-elle pas présupposé une certaine « trahison » de leurs hautes élites ?

La grande fonction politique du nationalisme conservatiste aurait donc été, à partir d'une certaine lecture de la situation qui visait à la plus grande économie de moyens possible, d'être un ferme garant du *statu quo*. On comprendrait mieux de la sorte les raisons qui poussaient un si grand nombre d'anglophones à vanter les mérites de ce nationalisme. Cela assurait à peu de frais la perpétuation de leur domination. Idéologie dénuée de toute sophistication, il était facile pour quiconque d'exploiter le nationalisme conservatiste à son avantage. C'est précisément ce qu'auraient fait, avec ou sans malice, Américains, Canadiens anglais et, à leur façon, bourgeois autochtones.

Il ne faut pas oublier que ce sont des Anglophones, parmi les plus cultivés, qui furent les plus ardents propagateurs de ce mythe néfaste selon lequel les Canadiens français étaient dénués de tout sens des affaires mais qu'ils étaient prédestinés à connaître les « joies supérieures » associées à la pratique des arts et des lettres. (Des études récentes ont montré qu'au contraire les Anglophones et surtout les Juifs apprécient bien davantage les choses de l'art que les Canadiens français et que c'est probablement là un effet de leurs revenus et de leur instruction supé-

rieurs). Il ne faut pas oublier non plus que c'est avec
complaisance, sinon avec un encouragement certain, que les
Anglophones secondèrent l'élite canadienne-française supérieure dans son entreprise de conversion de la démocratie
libérale en un ridicule folklore pour consommation populaire fusionnant religion et politique de cette manière
typique qu'immortalise ce passage d'un prône dominical :
« Mes frères, souvenez-vous que si le ciel est bleu, l'enfer
est rouge ». (Serait-ce là une preuve de l'indépendance
d'esprit des Canadiens français que, malgré ces avertisse-
ments solennels émanant du haut de la chaire, ils s'em-
pressaient généralement en majorité de voter libéral comme
ce fut le cas par exemple au cours de la campagne électorale de 1896 malgré le sévère avertissement émanant de
Mgr Laflèche selon lequel « un catholique ne saurait sous
peine de péché grave » voter pour le libéral Wilfrid Lau-
rier !)

Ironie des choses, un des plus grands dénonciateurs
de cette réduction de la démocratie libérale en un rituel
folklorique, Pierre Elliott Trudeau, contribue aujourd'hui à
le perpétuer. Devenu Premier Ministre du Canada sous la
bannière du parti libéral fédéral qui fut le principal bénéficiaire de ce folklore politique, lui aussi recueille avec
gourmandise les votes des Canadiens français même s'ils
sont, aujourd'hui, comme hier, « ethniques ». Lui aussi suit
la loi de la rationalité électorale : il est tellement moins
coûteux de cultiver les sentiments et les préjugés « ethniques » des Canadiens français que de les gagner à la démocratie (ce qui pourrait les conduire à voter contre les libéraux !).

L'utilisation du nationalisme conservatiste par l'élite
dominante n'a pas épargné non plus le plan provincial.
Alexandre Taschereau et Maurice Duplessis, durant les

trente-cinq années que dura leur règne, exploitèrent savamment tous les thèmes majeurs de cette idéologie (religion, laissez-faire, agriculturisme, autonomisme, etc.), rivant ainsi le peuple à un niveau de culture politique des plus rudimentaires. [10]

Longtemps les Canadiens français furent tenus par leurs hautes élites dans l'impossibilité d'acquérir une culture politique susceptible de les faire accéder à une conception de l'Etat en tant qu'outil au service de l'ensemble de la collectivité de même qu'à une conception pluraliste de la société. Victimes de la connivence consciente ou non de leurs dirigeants avec les anglophones, les demandes politiques qu'ils formulèrent jusqu'à ces dernières années furent peu nombreuses et élémentaires, souvent d'ordre symbolique comme dans le cas des chèques bilingues. Les agents politiques pouvaient donc les satisfaire aisément. Longtemps les Canadiens français se contentèrent des miettes qui tombaient de la table à laquelle prenaient place ceux qui étaient plus riches matériellement et intellectuellement qu'eux : les anglophones et la haute élite canadienne-française. C'est ainsi qu'ils purent à loisir « profiter » du « patronage ». Preuve de leur assujettissement, ils parurent s'en satisfaire.

Aussi surprenant que cela puisse paraître, on connaît fort mal la nature exacte des rapports entre les élites inférieures ou notables locaux et régionaux et la masse du peuple. Il est certain que ces élites adhéraient au credo du nationalisme conservatiste et que leur foi en ce credo était plus spontanée et moins intéressée que celle dont faisait montre l'élite supérieure. Il semble bien toutefois

---

10. DUPONT, Antonin, *Les relations entre l'Eglise et l'Etat sous Alexandre Taschereau 1920-1936*, Guérin, Montréal, 1973. Dupont montre que les relations entre l'Etat et l'Eglise furent souvent tendues durant cette période et il démontre que l'Eglise, loin d'être toujours à la remorque de l'Etat domina souvent. Il semble que ce soit sous le règne de Maurice Duplessis que le rapport des forces ait été inversé.

qu'elles ne professaient aucun doctrinarisme. Elles se faisaient d'autant plus facilement obéir qu'hormis certains
points de pratique religieuse elles se montraient peu exi-
geantes. Le peuple pouvait ainsi donner l'impression de
suivre les mots d'ordre venus de très haut tout en n'en
faisant très souvent qu'à sa tête : personne ne se préoccu-
pait trop des sentiments réels qui sous-tendaient les pratiques religieuses et politiques de commande.

Mais ces sentiments, quels étaient-ils ? Kenneth Mc-
Roberts [11] ... montre que, jusqu'à l'aube de la « Révolution
tranquille », l'ensemble de la population québécoise resta
virtuellement insensible au thème de l'autonomie politique
québécoise qui fut pourtant haussé à la dignité suprême
du premier de tous les slogans électoraux depuis la fin du
dix-neuvième siècle jusqu'à aujourd'hui. En dépit de tous
les efforts autonomistes, les Canadiens français distinguent
très mal les juridictions respectives du provincial et du
fédéral et font sans vergogne appel au fédéral chaque fois
que le provincial reste sourd à leurs demandes.

Si, dans le domaine religieux qui atteignait au plus
profond de la culture, tous paraissaient unanimes derrière
leur pasteur (même les agnostiques, qui durent être assez
nombreux comme l'indique l'évolution récente, étaient
contraints de faire semblant de croire et ne manquaient
jamais d' « aller à la messe le dimanche » ), en politique,
de nombreux exemples indiquent qu'ils refusèrent, lors de
certains événements majeurs, de suivre leurs dirigeants
religieux et civils malgré des arguments tirés pour la circonstance des thèmes les plus solides du nationalisme

---

11. McROBERTS, Kenneth, « Mass Acquisition of Nationalism : The
    Case for Quebec Autonomism », Ph. D., Dissertation, University of
    Chicago, 1974. TREMBLAY, Maurice, « Réflexions sur le nationa-
    lisme » *Ecrits du Canada français,* vol. V., 1959, 11-43. Tremblay
    considère que de tous les thèmes du nationalisme traditionnel seul
    celui de l'autonomie provinciale a pénétré la mentalité collective.

conservatiste : déjà en 1812 lors de l'invasion américaine, en 1837 lors du soulèvement, à l'occasion des deux crises de la conscription, celle de 1917 et celle de 1942, et ainsi de suite. Chaque fois, avec l'appui des notables locaux et régionaux, les masses osèrent s'opposer ouvertement mais non impunément aux hautes élites.

McRoberts se dit incapable d'expliquer pourquoi les « masses » réagissent si peu aux mots d'ordre autonomistes. La raison n'en serait-elle pas que ces dernières adhèrent à des schèmes culturels différents de ceux de la culture dominante ? Ces schèmes culturels, s'ils ont existé, ne furent toutefois jamais suffisamment explicites pour qu'il devînt possible de leur procurer un statut idéologique ferme. Seule une scrutation du rôle exact des notables locaux et régionaux permettrait d'élucider cette question. Furent-ils de simples agents de relais de l'élite supérieure auprès des « masses », ou, au contraire, des complices plus ou moins conscients de celles-ci, cherchèrent-ils plutôt à réconcilier de façon pragmatique la doctrine des uns et la pratique des autres ?

Fernand Dumont [12] a émis à ce sujet une intéressante hypothèse qui cadre avec mes propres analyses. Issus du peuple bien qu'ils s'en distinguaient par l' « éducation » reçue au collège classique et à l'université et retournés vers le peuple pour remplir leur « vocation », les notables partageaient avec ce dernier les mêmes soucis et communiaient aux mêmes joies. Le prestige des notables auprès du peuple tenait à leur possession de ressources particulières, telles leurs connaissances spécialisées (théologie, médecine, droit) ou soit encore à leur contrôle du « patronage » politique ou religieux. Par delà le respect que le peuple leur témoi-

---

12. DUMONT, Fernand, « Un socialisme pour le Québec », dans *La vigile du Québec, Octobre 1970 : l'impasse ?*, HMH, Montréal, 1971, 145-155.

gnait quand ils faisaient montre de leurs dons spéciaux comme à l'occasion des rites religieux, de la maladie, des contestations légales ou chaque fois qu'un danger (épidémies, sécheresses ou même interventions des gouvernements) menaçait, les rapports se réglaient selon un paternalisme bienveillant qui n'excluait pas un certain égalitarisme dans le contexte de la vie de tous les jours. Les solidarités auxquelles ces rapports simples et spontanés donnaient lieu s'accommodaient fort bien d'une variété de démocratie qui n'avait rien à envier à la démocratie représentative et libérale des Anglais et des Américains puisqu'elle était directe et organique.

Aurait-ce été là le modèle d'organisation politique qu'il aurait fallu aux Canadiens français ? Il sera toujours impossible de le savoir puisque ce modèle ne fut jamais celui de la société globale — les hautes élites, pour éviter une tragédie historique ou par conviction, ayant plutôt préféré s'accommoder des institutions économiques et politiques anglaises dominantes et, de ce fait, bornant leur apport historique à l'exploitation du nationalisme conservatiste.

On se demande toutefois comment ce type particulier de démocratie aurait bien pu déborder le plan local d'où il était issu pour devenir la formule politique de la société globale. Mais l'histoire étant cette fée capricieuse que l'on connaît, il n'est pas impossible que ces solidarités anciennes ressurgissent demain et que, dans des conditions différentes qui seront alors celles des Québécois, ceux-ci en empruntent le canevas pour fonder une société nouvelle.

# *Le nationalisme
libéral*

Si l'on en juge d'après la jauge occidentale, le Québec
représente une exception à la règle. Tandis qu'au Québec
le nationalisme se fusionne tout d'abord à un conservatisme axé sur les conditions et les valeurs propres à la
société traditionnelle et que cet amalgame domine pendant
cent vingt ans au point que Marcel Rioux pouvait encore
écrire dans *Cité libre* en 1955 : « Le malheur, ce n'est
pas qu'il y ait une droite, c'est qu'elle occupe toute la
place », en Europe et aux Etats-Unis, c'est généralement
avec le libéralisme alors triomphant que les premiers nationalismes furent associés. Comme l'a montré Jean-Paul

Bernard [1], c'est la décennie 1840-1850 qui fut décisive à cet égard. Cependant que la répression consécutive à l'insurrection avortée de 1837 confirme l'imposition du conservatisme au Québec, ailleurs cette décennie marque les premiers succès définitifs de la grande révolution libérale. Sans doute, durant la dernière moitié du dix-neuvième siècle et surtout à la suite de la première guerre mondiale, le conservatisme demeure vivace en Europe et y revêt de formes nombreuses. Il se « modernise » et devient même la formule politique dominante dans des pays où le libéralisme n'était pas parvenu à s'implanter en profondeur comme en Italie, en Allemagne, en Autriche, en Espagne et au Portugal. Le nationalisme conservatiste québécois ne se priva pas d'aller puiser à ces sources européennes, notamment en France, en Italie et plus tard dans l'Espagne franquiste.

Jean-René Suratteau [2] en fait la démonstration de façon convaincante : les premières manifestations du nationalisme sont liées au libéralisme qui triomphe dans les pays industriellement les plus avancés entre 1815 et 1848 au point où les grands socialistes du dix-neuvième siècle ne croyaient pas en la possibilité d'implanter le socialisme dans le cadre de la nation-état. Anthony D. Smith écrit à ce propos : « Mais prenant l'essentiel de la doctrine et abstraction faite de ses conséquences réelles ou supposées nous pouvons dire que le nationalisme apparaît comme une adaptation plausible des principes de la philosophie des Lumières à la complexité de la politique et de la société

---

1. BERNARD, Jean-Paul, *Les rouges. Libéralisme, nationalisme et anti-cléricalisme au milieu du XIXe siècle*, Les Presses de l'Université du Québec, Montréal, 1971. Egalement le numéro de Recherches sociographiques vol. 10, nos 2-3, 1969) consacré aux *Idéologies au Canada français : 1850-1900*.
2. SURATTEAU, Jean-René, *L'idée nationale de la révolution à nos jours*, Presses Universitaires de France, S.U.P., Paris, 1972.

modernes. L'essentiel de la doctrine est schématique et approximatif ; il représente toutefois une condition nécessaire de la recherche de conditions valables pour la liberté et l'égalité, pour ne pas mentionner la démocratie, dans un monde qui a déjà perdu son unité ».[3] Visant encore ici à la plus grande brièveté, je suivrai le même plan que dans la section précédente : je m'interrogerai sur les conditions de l'implantation du nationalisme libéral au Québec, j'en examinerai les arguments, la portée politique et, finalement, les fonctions politiques.

## 1. Les conditionnements du nationalisme libéral

On a tout dit sur la revue *Cité libre* ; il ne reste plus qu'à l'étudier. C'est ainsi qu'il a été dit et redit que cette revue avait préparé la voie à la « Révolution tranquille ». Il serait également juste d'ajouter qu'elle s'est l'est appropriée. Il serait en tout cas très intéressant d'examiner comment, en partant du personnalisme chrétien de la revue française *Esprit* et en assimilant par la suite les enseignements de John Locke, John Stuart Mill et Jean-Jacques Rousseau, les rédacteurs de *Cité libre* en sont venus à faire la critique du nationalisme conservatiste tout comme des appareils culturels, sociaux, économiques et politiques qui se réclamaient de lui de même qu'à imaginer un régime politique de remplacement. On dit aujourd'hui de *Cité libre* qu'elle fut antinationaliste. Ce n'est pas ainsi que je perçois les rédacteurs, dans les débuts tout au moins. Les deux principaux porte-parole, Pierre Elliott Trudeau et Gérard Pelletier dénoncèrent toujours le nationalisme doctrinal. Ils s'opposaient farouchement au nom des principes de la démocratie libérale auxquels ils adhéraient, à l'autoritarisme et au cléricalisme du nationalisme conservatiste. Ils continuaient toute-

3. SMITH, Anthony D., *Theories of Nationalism, op. cit.*, 15. Aussi : KEDOURIE, Elie, *Nationalism*, Hutchinson, London, 1960.

fois à s'inspirer de la tradition chrétienne et catholique et, en politique, ils demeurèrent fidèles aux préceptes de l'autonomisme au point d'appuyer fermement Maurice Duplessis dans la plupart de ses luttes contre le gouvernement fédéral, notamment dans la célèbre querelle des octrois fédéraux aux universités à laquelle Pierre Elliott Trudeau prit une part très active (cette querelle ne fut dénouée qu'en 1959 grâce à la sagacité de Paul Sauvé et sans la contribution d'aucun des intellectuels réputés hérauts de la « Révolution tranquille »).

De même, l'influence directe de *Cité libre* sur les esprits et sur le déroulement des événements est surfaite. Les collaborateurs de la revue étaient foncièrement des individualistes. La revue était pauvre et les moyens manquaient, les convictions peut-être également, pour lancer un mouvement social d'envergure. Le Rassemblement des forces démocratiques et, un peu plus tard, l'Union des forces démocratiques n'ont pas survécu à leur création. Même l'Institut canadien des affaires publiques dont les chefs de file étaient souvent liés de très près à *Cité libre* et qui contribua considérablement au ralliement des intellectuels et à la clarification des idées n'avait pas besoin de *Cité libre* pour se maintenir. En dépit de collaborations épisodiques de la région de Québec, il fut impossible de créer une section québécoise de *Cité libre* qui demeura une revue montréalaise, d'où le manque de profondeur historique et d'enracinement social qui furent ses principales faiblesses. Autre indice important du peu d'influence directe de *Cité libre* : on lui attribue souvent la paternité intellectuelle du programme du parti libéral du Québec de 1960. C'est là une affirmation exagérée. Les *Mémoires* de Georges-Emile Lapalme [4], qui font autorité sur cette question, précisent

---

4. LAPALME, Georges-Emile, *Mémoires*, Leméac, Montréal, trois tomes parus respectivement en 1969, 1970 et 1973. La référence est au tome I, *Le bruit des choses éveillées*.

que ce programme fut entièrement rédigé par Lapalme lui-même à la demande expresse de Jean Lesage qui n'était pas un lecteur des plus assidus de *Cité libre*. De l'aveu de Lapalme, ce n'est pas *Cité libre* qui lui servit de source d'inspiration mais bien plutôt les programmes électoraux du parti libéral de 1956 et même de 1952 dont de larges extraits étaient reproduits. Sous certains aspects, ce programme était d'allure conservatiste comme le montre l'importance accordée à l'économie rurale par rapport à l'économie industrielle.

Sous plusieurs aspects, la lecture de la situation que fit *Cité libre* était mauvaise. C'est ainsi qu'elle resta prisonnière de l'illusion créée par le nationalisme conservatiste et qui présentait le Québec comme une société consensuelle, unanime et moutonnière derrière ses dirigeants, clercs et laïques. *Cité libre* contribua à accréditer le mythe du monolithisme de la société québécoise. Elle propageait encore ce mythe en 1958. Sans aucun doute, le nationalisme conservatiste demeurant l'idéologie officielle, il s'ensuivait que cette idéologie imprégnait forcément toutes les structures sociales et particulièrement la politique. Mais, derrière les apparences, on aurait découvert parmi les collectivités québécoises, si on l'avait cherché, un pluralisme déjà bien affirmé et toute une floraison d'aspirations démocratiques.

Une étude menée par l'Institut canadien d'éducation des adultes auprès de plusieurs collectivités en 1957 révéla en effet à la fois l'existence d'une vigoureuse vie démocratique chez nombre d'entre elles, notamment au sein du mouvement coopératif et des syndicats ouvriers, et un état exacerbé de conscience des effets corrosifs du blocage que constituait la perpétuation du conservatisme en politique. [5]

---

5. *Cahier d'éducation des adultes*, vol. 2, nov. 1958. Ce cahier comprend également mon texte de synthèse : « L'esprit démocratique chez les Canadiens de langue française », 34-43.

Il me paraît, en effet, que c'est surtout en scrutant les efforts des groupes d'action pour conquérir leur indépendance vis-à-vis de l'idéologie des dirigeants officiels, en découvrant les voies souterraines qu'ils empruntaient pour vivre conformément à leurs convictions, qu'on comprendra vraiment les conditions de l'implantation du nationalisme libéral au Québec. Avant de devenir l'idéologie du pouvoir politique, celui-ci fut vécu comme une réalité sociologique et comme un espoir. Il sous-tendit la plupart des nombreux courants d'opposition extra-parlementaire, depuis la grève d'Asbestos jusqu'à celle de Louiseville et depuis le mouvement suscité par la Faculté des sciences sociales de Laval à l'instigation de son Doyen, le père Georges-Henri Lévesque, jusqu'à la victoire libérale du 22 juin 1960. Quand la Confédération des travailleurs catholiques du Canada (C.T.C.C.) se donna un nouveau nom en 1960 et devint la Confédération des syndicats nationaux (C.S.N.), ce fut moins pour s'engager dans de nouvelles voies que pour consacrer une évolution déjà parcourue durant les années '50.

*Cité libre* me paraît également avoir mal jaugé l'importance des événements internationaux pour le Québec durant la période de l'après-deuxième grande guerre. La revue proclame la nécessité pour le Québec de se moderniser. Mais le modèle qu'elle propose, en dépit d'un certain socialisme emprunté de la social-démocratie européenne, est celui des sociétés démocratiques libérales d'Europe et des Etats-Unis. Elle voit mal l'intérêt pour le Québec de l'éveil des peuples du Tiers-Monde, des décolonisations et de l'accession à l'indépendance de près de quarante pays sous l'impulsion d'un nationalisme s'inspirant tantôt du libéralisme, tantôt du socialisme mais, en réalité, foncièrement d'un type nouveau. C'est pourquoi le déferlement d'une première vague séparatiste au Québec en 1959 et la création du Rassemblement pour l'indépendance nationale en septembre 1960 prennent les rédacteurs au dépourvu. Ils restèrent incapables de comprendre les fondements et la portée du mouvement indépendantiste. Même davantage : l'esprit de tolérance dont ils avaient jusque-là fait preuve et qu'ils avaient contribué à propager trouve ici chez eux sa limite.

De la même manière, on décèle relativement peu de conscience chez les principaux rédacteurs de *Cité libre* de l'importance des développements scientifiques et technologiques en cours. Ils sont davantage les produits de la dernière génération de libéraux du dix-neuvième siècle que les témoins du siècle de la recherche scientifique et des ordinateurs. S'ils parurent modernes aux yeux de leurs lecteurs, c'est que la société dont ils faisaient une critique fort lucide et courageuse leur paraissait être restée figée au dix-septième siècle. Les traits de la nouvelle culture politique alors en voie de gestation à travers le monde leur échappèrent et ils se méprirent sur le sens de la révolte des jeunes au milieu des années '60 — révolte pourtant qu'ils avaient, en un sens, contribué à préparer mais dont ils deviendront une cible. Déjà, à mesure qu'ils le formulaient, leur libéralisme était vieillot. Le malheur est qu'ils en vivent encore aujourd'hui et que par les postes de premier plan qu'ils occupent sur la scène politique ils sont maintenant en mesure d'imposer leurs vues. S'ils ne furent pas les initiateurs du projet libéral, si celui-ci commence à s'accomplir virtuellement sans eux, c'est toutefois eux qui, par leur fidélité tenace à leurs convictions, paraissent devoir le mener à terme. C'est ainsi que la foi qui les motive se transmeut insensiblement en des entêtements qui rappellent ceux des nationalistes conservatistes dont ils s'étaient fait naguère les pourfendeurs. La réussite leur aura été coûteuse : ils sont les nouveaux intolérants.

Les rédacteurs de *Cité libre* ne revendiquèrent jamais l'honneur d'avoir été les artisans de l'érosion de l'Ancien Régime et les hérauts d'un Nouveau Régime. Ils étaient plus modestes quant à la portée véritable de leur action. Ce sont les premiers exégètes, ceux de la décennie '60 qui, sans avoir analysé cette revue, ont amplifié exagérément sa portée véritable. Pour les contemporains, *Cité libre*, ce fut surtout l'éveil d'un nouvel esprit, précisément cet esprit libéral qui s'exprima par l'acceptation de la libre discussion dans la revue et par le chaleureux accueil accordé de fait au pluralisme qui sourdait de l'évolution sociale du Québec que le nationalisme conservatiste pouvait condamner mais qu'il était impuissant à empêcher. C'est en quoi *Cité libre* fut révolutionnaire ; elle fut une source d'inspiration pour toutes les collectivités qui depuis 1940 au moins s'éveillaient à des aspirations nouvelles — nouvelles s'entend pour le Québec car elles étaient déjà anciennes ailleurs.

Le mérite principal de *Cité libre* c'est d'avoir été un témoin d'une époque. Plus précisément, cette revue fournit un bon sommaire des efforts de la génération des intellectuels formés aux sciences sociales durant les années de guerre et d'après-guerre pour comprendre leur société à l'aide d'un équipement conceptuel nouveau au Québec. En-deça et au-delà de *Cité libre*, il y eut le renouveau au sein du mouvement coopératif, du mouvement syndical et de l'université. Il y eut également l'opposition active du *Devoir* à la politique sociale d'un autre siècle de même qu'aux pratiques immorales du gouvernement Duplessis. Il y eut encore l'avènement de la télévision dont on n'a pas encore mesuré les effets durant cette période. Il y eut peut-être surtout, comme il arrive toujours en pareille circonstance, la corrosion par l'intérieur de l'Ancien Régime, au sein de l'Eglise, parmi les élites vieillissantes et, de façon plus manifeste, chez ce bastion entre tous du nationalisme conservatiste longtemps tenu pour inexpugnable qu'était l'Union nationale détentrice du pouvoir au Québec depuis 1944. L'éclatement du scandale du gaz naturel grâce au *Devoir* et la mort du chef, Maurice Duplessis, en 1959 sonnèrent finalement un glas que plusieurs, parmi ceux qui passent aujourd'hui pour les artisans ou les prophètes de nationalisme libéral, désespéraient alors de ne jamais entendre.

## 2. *Les arguments du nationalisme libéral*

Marcel Rioux considère que l'élection provinciale de 1960 constitue « un phénomène social total ». « Elle n'est pas, écrit-il, une simple passation du pouvoir d'une équipe à une autre ... Cette élection met en cause la société tout entière : elle la traverse de part en part ; elle remet en question les vérités séculaires et les pouvoirs les mieux établis. Elle marque une rupture avec une période historique du Québec et le début d'une ère dont maints Québécois croient qu'elle mènera le pays à une plus grande autonomie politique, sinon à l'indépendance totale. » [6] A la lumière de ce qui précède, ce jugement paraît excessif. Ce ne peut être que par l'étendue des rêves que cet événement rendit possibles qu'il peut être ainsi considéré comme « un phénomène social total ». En réalité, le nationalisme libéral, même à ses origines, fut beaucoup moins « révolutionnaire » qu'il ne le parut à certains.

La victoire libérale permit à tous d'exprimer enfin au grand jour ce que plusieurs pensaient tout bas depuis longtemps et de croire pouvoir enfin accomplir ce qu'on avait été dans l'impossibilité de faire jusque-là. Le remplacement du nationalisme conservatiste par un nationalisme de type libéral était depuis longtemps en voie de s'effectuer au sein

---

6. RIOUX, Marcel, *La question québécoise*, Seghers, Paris, 1969, 103.

de la société québécoise. S'il n'en paraissait trop rien, même au coeur des années '50, ce fut à cause de l'effet de mirage qui se produit chaque fois que le système politique, d'où émanent généralement les images globalisantes, est en désaccord profond avec des sections importantes de la société.

« C'est le temps que ça change ! » proclamait un slogan libéral en vogue lors de la campagne électorale de 1960. Les changements les plus souvent mentionnés étaient bien entendu d'ordre concret : l'économie, l'éducation, la sécurité sociale, etc. Le rythme avec lequel le gouvernement procéda était si rapide que même les plus pressés en furent désarçonnés. Un bon indice de cette fébrilité : de la province la moins endettée *per capita* qu'il était en 1960, le Québec devint en moins de cinq ans la plus endettée. Mais pour justifier ces nouveaux comportements, il était requis de renouveler le stock des idéologies. Des thèmes nouveaux émergent, thèmes liés à la volonté du Québec de rompre enfin avec son isolement séculaire, de s'engager résolument sur la voie de la modernité, du progrès et du développement. Le terme qui rendit sans doute le mieux le sens de tous ces efforts tendus vers le renouveau fut sans conteste celui de « rattrapage ». Ce terme prit valeur de symbole et d'argument idéologique pour les collectivités les plus diverses dans leurs revendications auprès du gouvernement du Québec et celui-ci, à son tour, y eut abondamment recours pour faire pression sur le gouvernement fédéral.

Dans l'analyse des arguments du nationalisme libéral, il importe de distinguer soigneusement ceux qui portent sur la communauté politique d'avec ceux qui visent le régime et les autorités. Les arguments se rapportant à la communauté politique sont extrêmement développés. Ils reprennent pour l'ensemble les thèmes bien connus du nationalisme conservatiste ; la conviction est cependant beaucoup plus grande et l'accent change de façon radicale. Il y a bien également changement de régime : de conservatiste, il devient libéral. Mais il se trouve très peu d'idéologues pour expliciter la doctrine libérale. De fait, le principal porte-parole du libéralisme durant les années '60 sera un homme politique, ministre par surcroît, René Lévesque. C'est peut-être au niveau des principes de légitimation des autorités politiques que les tensions entre l'ancien et le nouveau sont les plus fortes mais, à ce niveau encore, aucune ligne claire d'argumentation ne se dégage.

Le nationalisme libéral sous Jean Lesage de 1960 à 1966 comme sous Daniel Johnson et Jean-Jacques Bertrand de 1966 à 1970 et sous Robert Bourassa depuis avril 1970 accepte la communauté politique canadienne. Cette acceptation est inconditionnelle malgré certaines velléités de révolte qui paraissent bien avoir été surtout des formes déguisées de pression sur le gouvernement fédéral de la part de Jean Lesage et de Daniel Johnson.

L'autonomisme traditionnel du Québec, loin de disparaître, s'accentue. Mais il cesse d'être surtout négatif comme sous Taschereau et Duplessis alors qu'il visait avant tout à contrer le gouvernement fédéral afin de l'empêcher d'agir et cela même au prix du développement du Québec si nécessaire. L'autonomisme du nationalisme libéral, lui, est positif. Il cherche à assurer le meilleur et le plus rapide développement du Québec. Les programmes qui le rendront possible devront toutefois passer par le gouvernement du Québec. D'où, de défensif qu'il avait surtout été avant 1960, l'autonomisme se fait revendicateur. Les relations fédérales-provinciales sont très tendues, le gouvernement du Québec lançant au gouvernement fédéral défi sur défi dont le plus redoutable fut sans aucun doute l' « ultimatum» fiscal de Jean Lesage, au printemps 1963, juste au moment du déclenchement des élections fédérales générales. Afin de mieux mener sa politique autonomiste, le gouvernement du Québec crée dès 1961 un ministère des Affaires fédérales-provinciales qui deviendra par la suite, avec l'éveil de l'ambition chez le gouvernement québécois de jouer un rôle indépendant dans le domaine international, le ministère des Affaires inter-gouvernementales. L'expression qui symbolisa peut-être le mieux ces nouvelles aspirations autonomistes fut celle de l' « Etat du Québec », forgée à la suite du voyage de Lesage en France au cours de l'automne 1961. Autre indication du même état d'esprit : les Canadiens français du Québec deviennent résolument des « Québécois ».

Le nationalisme libéral se consacre également avec ardeur à tenter de préciser la nature du fédéralisme canadien de même qu'à définir la position du Québec au sein de la Confédération. « Statut particulier », « Théorie des deux nations », « Etats associés », autant de formules qui parurent à certains et durant un temps devoir servir de point de départ à une réforme constitutionnelle d'envergure. Afin de permettre aux Québécois d'avoir l'occasion de faire connaître leur point de vue, dans le but surtout de les mobiliser, les Etats généraux du Canada français furent créés en 1964 avec le concours du gouvernement du Québec. Ceux-ci devaient mourir de leur belle mort en 1969, laissant derrière eux des amitiés rompues, des ambitions personnelles déçues et des monceaux de papier noirci.

Le gouvernement du Québec s'octroya même le luxe de flirter avec le séparatisme, particulièrement en 1962-1963 sous Lesage et en 1966-1968 sous Johnson. Le voyage de de Gaulle et son long cri jeté du haut du balcon de l'hôtel de ville de Montréal un soir de juillet 1967 : « Vive le Québec libre ! », devaient marquer le climax de la tentation séparatiste. Le retour au « réalisme » que Lesage avait déjà amorcé en 1965 reprit de plus belle avec l'arrivée au pouvoir en 1968 à la suite du décès inopiné de Daniel Johnson de Jean-Jacques Bertrand qui était un nationaliste canadien-français à l'ancienne mode. Avec le slogan de la « souveraineté culturelle dans un fédéralisme rentable » de Robert Bourassa, il semble qu'on ne saurait imaginer de retour au « réalisme » plus « parfait » encore que, dans ce domaine, la boucle ne sera probablement jamais fermée.

Pendant un temps, le gouvernement fédéral et le Canada anglais prirent sérieusement peur de l'accentuation de l'autonomisme québécois. Certes, il ne s'agissait pas pour eux d'adhérer aux grandes thèses fédéralistes québécoises. Edwin R. Black montre qu'à l'exception de l'ancienne théorie du pacte (« Compact theory ») qui eut une certaine vogue durant les années '50 tant au Canada anglais qu'au Québec, aucun des concepts du fédéralisme canadien proposé par le Québec durant les années '60 ne fut reçu avec faveur au Canada anglais ni accrédité dans les cercles gouvernementaux fédéraux, bien que le N.P.D. et le parti conservateur lui-même flirtèrent un moment, à leur corps défendant et pour leur malheur, avec la théorie des « deux nations ».[7]

---

7. BLACK, Edwin R., *Divided Loyalties : Canadian Concepts of Federalism*, McGill-Queen's University Press (à paraître au printemps 1975). Sur le thème du pacte et des « deux nations » vus par des anglophones, voir : BURNS, B.M., editor, *One country or Two ?*, McGill-Queen's, 1971. Dans son discours d'admission à la Société royale reproduit dans *Le Devoir* du 8 février 1975, Gilles Lalande s'en est pris aux politologues canadiens et québécois pour avoir négligé d'aborder la question du fédéralisme canadien dans une option fonctionnaliste. C'est ainsi qu'il reproche à la Commission d'enquête sur le bilinguisme et le biculturalisme de ne pas s'être inspirée de la « théorie » de la communication assaisonnée de cybernétique du politologue Karl W. DEUTSCH. De fait, les recherchistes de la Commission ont considéré cette possibilité mais ils l'ont finalement rejetée et cela pour deux raisons : il est virtuellement impossible

Tout en se refusant aux thèses québécoises, le Canada anglais et le gouvernement fédéral cherchèrent à conjurer tout danger possible de collision frontale. C'est ainsi qu'en juillet 1963 fut créée la Commission d'enquête sur le bilinguisme et le biculturalisme, sous la co-présidence d'André Laurendeau qui, l'un des premiers, avait réclamé la création de cette commission, et de Davidson Dunton, le Canadien anglais de sa génération le plus ouvert au Québec. Malgré un Rapport préliminaire lucide proclamant que le Canada traversait la plus sérieuse crise de son histoire, malgré les fameuses « pages bleues » de l'Introduction générale au Rapport dues à la plume de Laurendeau dans lesquelles la Commission s'interrogeait sur le degré d' « autodétermination » qu'il convenait d'accorder au Québec, la Commission d'enquête se prolongea péniblement jusqu'en 1971 et prit fin sur un retentissant échec : les commissaires, fatigués et vieillis, ne purent s'entendre sur une solution politique du problème canadien. Les derniers actes constitutionnels, jusqu'ici, furent la déconfiture du comité conjoint de la Chambre des Communes et du Sénat sur la constitution et le cuisant échec de Victoria en 1971.

Le même climat d'appréhension explique la venue sur la scène fédérale en 1965 des « trois colombes » : Pierre

---

d'établir la quantité exacte aussi bien que la direction des communications qui circulent d'un point à l'autre au sein d'un même système ou entre différents systèmes ; et, même si ce calcul pouvait être effectué, l'essentiel resterait encore à établir, à savoir quelle est la substance de ces communications : sont-elles consensuelles, dissensuelles, conflictuelles, facilitent-elles la subsistance du système où, au contraire, tendent-elles plutôt à sa destruction ? Sous l'un ou l'autre de ces deux aspects personne jusqu'ici n'a encore pu opérationnaliser de façon convenable la « théorie » de DEUTSCH et en tirer des résultats plausibles. La véritable raison de l'absence d'analyses fonctionnalistes « pures » du fédéralisme canadien, particulièrement parmi les politologues canadiens, réside dans le fait que le système qu'ils ont à décrire comporte une nécessaire dimension idéologique qu'ils ne peuvent esquiver, et que cette dimension idéologique est d'essence nationaliste. Karl W. DEUTSCH lui-même reconnaît que semblable condition prévaut aujourd'hui dans plusieurs régions du globe.

Elliott Trudeau, Gérard Pelletier et Jean Marchand qui pourtant avaient refusé de mordre à l'hameçon en 1963. Tout comme Louis Stephen Saint-Laurent qui, en 1942, à la suite du décès d'Ernest Lapointe, s'était laissé convaincre par le Cardinal Villeneuve d'aller sur le scène fédérale, malgré son peu d'intérêt pour la politique active, c'est le sens de la « mission » qui a poussé ces trois hommes, jusque-là farouchement autonomistes et adversaires du parti libéral fédéral (leurs sympathies allaient au N.P.D.) à effectuer cette sensationnelle volte-face : désireux de faire contre-poids aux « excès » du nationalisme québécois, ils voulaient démontrer qu'il était possible à des Canadiens français de faire autant, sinon plus, pour les Québécois à partir d'Ottawa que de Québec. En apparence, la chance leur a souri puisqu'ils occupent les principaux postes de direction à Ottawa depuis 1968. Il n'est en tout cas pas possible de comprendre le sens de leurs actes et de leurs prises de position depuis lors si on ne retient pas que, comme tant de Canadiens français du Québec qui ont oeuvré sur la scène fédérale depuis la Confédération, ils sont d'abord des « missionnaires ».

Autant le Québec a regorgé d'idéologues, d'historiens et de philosophes conservatistes, autant les penseurs libéraux lui ont fait défaut depuis un siècle. Pour retracer des expressions de vues émanant de Canadiens français en faveur du libéralisme, il faut remonter au début du vingtième siècle avec Errol Bouchette et un peu plus tard avec Esdras Minville. Mais comme l'a bien montré Jean-Charles Falardeau [8], leur plaidoyer pour l'industrie et la science économique ne fut pas entendu à l'époque, ni reçu par les géné-

---

8. FALARDEAU, Jean-Charles, *L'essor des sciences sociales au Canada français*, Québec, Ministère des affaires culturelles, 1964 ; « La génération de la Relève », *Recherches sociographiques*, vol. 6, no 2, 1965, 123-133 ; « Léon Gérin : une introduction à la lecture de son oeuvre », *Recherches sociographiques*, vol. 1, no 2, 1960, 123-160.

rations subséquentes. Etre libéral confinait à l'hérésie. Les rédacteurs de *Cité libre*, les conférenciers de l'Institut des Affaires publiques, quelques universitaires économistes ou sociologues, voilà ce à quoi se ramène la contribution des intellectuels québécois à la pensée libérale même depuis 1950. En pleine ère de dominance du libéralisme économique et politique, il n'y a plus aujourd'hui que quelques intellectuels libéraux isolés qui ne font même pas le poids devant la pensée socialiste qui connaît une vogue certaine chez les universitaires de trente-cinq ans et moins ni même devant les productions conservatistes des porte-parole, encore bien vivants, des élites traditionnelles. Encore cette pensée libérale n'est pas du cru : elle est empruntée de l'étranger, des philosophes européens dans les meilleurs cas ou de l'idéologie américaine.

Il n'y a donc pas lieu d'être surpris de constater que le nationalisme libéral québécois ne comporte pas de credo élaboré. Le programme électoral de 1960, inspiré de Georges-Emile Lapalme, incluait nombre d'éléments conservatistes sur un fond de vieux libéralisme. Seules les sections du programme portant sur la vie culturelle et le rôle de l'Etat, qui reflètaient davantage l'expérience et les goûts personnels de Lapalme, avaient une saveur néo-libérale. C'est dans le programme de 1966 que le parti libéral fait vraiment montre de sa conception de l'homme comme citoyen et de sa conviction démocratique. En 1970 et plus encore en 1973, l'économique prime sur le social et le culturel et le libéralisme du régime est pris pour acquis. Chez l'Union nationale, on est encore plus avare de libéralisme : ce parti s'adapte aux circonstances qui favorisent le libéralisme mais, le caractère de sa clientèle électorale essentiellement rurale aidant, les vieux clichés conservatistes restent bien vivaces. Chez les libéraux, comme au sein de l'Union nationale, les « colloques de penseurs » sont une chose, les élections et la politique concrète, une autre chose.

Ce n'est pas chez les intellectuels mais parmi les groupes d'action et les hommes politiques qu'il faut chercher les porte-parole les plus claironnants du libéralisme. Depuis le milieu du dix-neuvième siècle, cependant que le nationalisme conservatiste étendait son emprise sur le monde de l'esprit et affichait un mépris souverain à l'endroit de l'entreprise industrielle, le monde des affaires, de son côté, s'incorporait sans vergogne le vieux libéralisme anglo-américain, le libéralisme du laissez-faire. Pour étayer leurs arguments, les apôtres de cette idéologie ne se faisaient pas prier, pas plus qu'aux Etats-Unis au même moment, pour s'inspirer de la religion. En outre, le monde des affaires tenait bien en main les hommes politiques et les Premiers Ministres du Québec, ces « rois-nègres », comme les a dénommés un jour André Laurendeau, se firent sans fausse honte des ardents propagandistes du laissez-faire, plus particulièrement en ce qui concernait l'économie industrielle et le domaine des ressources naturelles. Ce fut l'Association professionnelle des industriels (L'A.P.I.), la principale organisation patronale québécoise de 1943, année de sa fondation, jusqu'en 1960, qui fut le principal porte-parole de ce libéralisme économique « pur » du monde de l'entreprise. Jean-Louis Roy [9] le démontre d'excellente façon, Alexandre Taschereau et Maurice Duplessis vont reprendre les principaux thèmes du vieux libéralisme économique, le fondre dans leur syncrétisme du nationalisme conservatiste et, par là même, l'investir d'une autorité exceptionnelle. Ils proclament la valeur de l'initiative personnelle et de la liberté d'entreprise et, à l'inverse, le caractère immoral de tout syndicalisme revendicatif. Lors du Congrès annuel de

---

9. ROY, Jean-Louis, *Québec-1945-1960 : la transition,* ouvrage à paraître en 1975.

l'A.P.I. en 1949, Duplessis déclare : « ... qu'il n'y a rien de
nouveau sous la calotte des cieux et que les vérités éternelles sont toujours vraies parce qu'elles sont éternelles ».
« Le système est néfaste en vertu duquel tout appartient
à l'Etat ... et seul est vrai le système de liberté de l'entreprise privée approprié au passé, nécessaire au présent et
indispensable à l'avenir. Ce système fait disparaître les
dangers et les désastres accumulés par le monopole d'Etat.
Il met en valeur le talent, le travail, l'initiative, la compétence et la dignité de la personne humaine ». Comme
résultat de ces grandiloquentes professions de foi, les grandes entreprises s'enrichirent toujours plus et le peuple resta
pauvre.

Le libéralisme des hommes de la « Révolution tranquille » est d'une tout autre essence. Ils sont, en effet, sauf
en matière d'investissements où les vieux plis résistent, les
émules du néo-libéralisme et proclament hautement leur
foi dans le *Welfare State* alors à peu près partout en vigueur dans les pays occidentaux industrialisés. Nombre
d'entre eux devaient leur adhésion au néo-libéralisme à leur
expérience fédérale. D'autres, comme Paul-Gérin Lajoie,
Pierre Laporte, René Lévesque et Eric Kierans, parce
qu'étant de la génération des gens de *Cité libre,* ils partageaient les idées sociales de cette dernière. C'est sans doute
la raison pour laquelle, dans le nationalisme néo-libéral
québécois, le pragmatisme est de rigueur. Le rituel de la
démocratie libérale s'épure des résidus d'Ancien Régime
qui avaient survécu jusqu'en 1960. Mais rien ne meurt
jamais tout à fait. C'est ainsi que l'adoption du principe
du mérite dans la fonction publique et de critères objectifs
dans l'obtention des contrats publics ne conduisit pas à
l'abandon du « patronage » mais à l'invention d'un nouveau
terme : le « bon » patronage, pour traduire une vieille
réalité qui ne veut pas mourir.

Le principal leitmotiv du nationalisme libéral fut celui de « maîtres chez nous ». Si ce leitmotiv n'eut pas beaucoup de prise en matière d'investissements où la pratique traditionnelle d'un laissez-faire conduisant à un état d'extrême dépendance à l'égard des Etats-Unis resta de rigueur parce que considérée comme découlant d'une sorte de loi de nature contre laquelle les hommes ne peuvent rien, il eut toutefois des effets sensibles dans une foule de domaines : la mise en oeuvre d'un régime des rentes proprement québécois, à la suite de négociations serrées avec le gouvernement fédéral, la création de plusieurs corporations industrielles ou financières publiques et surtout la nationalisation de l'électricité en 1962 et le harnachement de la rivière Manicouagan (décisions coûteuses mais dont la valeur symbolique fut incommensurable) furent parmi les réalisations qui, durant un temps, attirèrent sur le Québec l'attention des universitaires et des journalistes étrangers. L'Etat ne se définit plus par ce fameux « rôle supplétif » qui, pendant si longtemps, fit les délices des magnats de l'industrie au Québec. Il se veut grand investisseur et grand entrepreneur et, très vite, il le devient effectivement. Le principal artisan de la valorisation du rôle économique de l'Etat fut René Lévesque. Chez ce dernier, qui disait de l'Etat qu'il était « l'un de nous, le plus fort d'entre nous », le nationalisme fait une jonction parfaite avec le néo-libéralisme.

Une autre manifestation de l'esprit libéral fut la « grande charte » de l'éducation en 1961 et la création, enfin, d'un ministère de l'Education en 1964 sous l'égide de Paul-Gérin Lajoie. J'ai examiné ailleurs [10] les arguments mis en valeur pour justifier cette décision politique capitale. Qu'il s'agisse du rôle de l'Etat en matière d'éducation, de gratuité

---

10. DION, Léon, *Le bill 60 et la société québécoise*, HMH, Montréal, 1967.

scolaire, de libre accès à l'enseignement, de déconfession-
nalisation partielle, de décentralisation par la création
d'écoles régionales et d'enseignement post-secondaire par
la création des Collèges d'enseignement général et profes-
sionnel (CEGEP) (scellant la fin des Collèges classiques
élitistes), de modernisation des programmes, d'accroissement des qualifications des professeurs — toutes ces réformes étaient certes marquées du signe libéral.

Jean Lesage, chez qui la tête allait vers le nouveau
mais dont l'instinct réagissait à l'ancienne, avait dit en
1961 : « Tant que je serai Premier Ministre, il n'y aura pas
de ministère d'Education au Québec ». Comme nombre
d'autres déclarations de même nature qu'il fit entre 1960
et 1962, il devait la regretter amèrement par la suite. Il se
racheta en 1963 en menant de main de maître et de façon
très démocratique le projet de loi 60 visant à la création
d'un ministère de l'Education.

Le slogan « qui s'instruit, s'enrichit » ne peut être
considéré comme le plus grand éclair de génie du gouvernement Lesage mais il est de pure essence libérale. Il
contraste avec la façon dont on traitait jusqu'alors des
questions d'éducation au Québec. L'éducation avait en
effet été traditionnellement considérée comme une tâche
si sublime qu'on ne devait surtout pas y mêler des considérations d'ordre matériel ou pécuniaire... Il contraste également avec les propos de Duplessis qui, pour se justifier
de négliger les universités à un point scandaleux, comparait
en 1956, le système d'éducation à une maison. « Qui s'avi-
serait, disait-il, de fignoler la construction des étages supérieurs avant d'en avoir assuré la solidité des fondations. »
Referant aux universités, il disait encore : « On ne construit
pas une cathédrale sur du fumier ». De l'instruction en
général, Duplessis disait : « L'instruction c'est comme la
boisson, il y en a qui ne portent pas ça ! »

Plus profondément encore, quoique de façon moins spectaculaire que dans les deux précédents exemples, l'acceptation de la libre discussion et des formes les plus diverses d'opposition démontre l'implantation d'un régime libéral au Québec. La manifestation peut-être la plus éloquente de ce nouvel état d'esprit fut la façon dont fut mené le débat autour du projet de loi portant sur la création d'un ministère de l'Education. Les élites traditionnelles livrèrent alors une grande offensive qui révélait que le conservatisme, bien qu'il ne dominait plus la scène politique, demeurait bien vivace. Effrayé par l'ampleur de cette résurgence des éléments conservatistes qui cherchaient en même temps à tirer profit des nombreux désagréments occasionnés par les réformes, Jean Lesage devait décréter en 1965 que les réformes, c'était fini, parce que le peuple, à bout de souffle, ne parvenait plus à suivre le gouvernement.

L'esprit libéral pénètre finalement la conception de l'autorité politique. Ce fut peut-être là l'infiltration la plus difficile, la plus pénible non seulement pour les dirigeants mais également pour l'ensemble de la population. Jean Lesage, qui avait tout d'un haut notable traditionnel, se rebiffa à plusieurs reprises devant la rapide démocratisation de l'autorité qui atteignait son statut personnel aussi bien que l'exercice de son rôle. « La reine ne négocie pas avec ses sujets », telle fut la première réaction à la demande d'accréditation syndicale des fonctionnaires. L'autorité cesse de se légitimer en fonction de critères méta-sociaux comme à l'époque du nationalisme conservatiste. Elle repose sur la compétence. Et surtout, elle cesse d'être un attribut personnel. Elle devient associée à l'exercice d'une fonction. Plus important encore : elle n'est plus illimitée comme jadis (bien qu'elle se trouvait en pratique tempérée par un paternalisme bienveillant comme à peu près

toujours dans les sociétés traditionnelles) mais les bornes
légales qui étaient autrefois souvent floues et inopérantes
se précisent et s'imposent aux dirigeants comme aux dirigés. D'où la fin de l'arbitraire en politique et, par voie de
conséquence, ailleurs. Enfin, la pratique de l'animation
sociale inaugurée en 1963 par le Bureau d'aménagement
de l'Est du Québec (B.A.E.Q.) fait son oeuvre. De plus en
plus, on exige de participer à la direction et on vise à
l'autodétermination. L'oeuvre de « libération » débordera
les cadres politiques au sens strict. Elle ira si loin que les
dirigeants dans toutes les sphères d'activité, des évêques
aux parents, seront débordés. Le Québec connaîtra la première « crise » d'autorité de son histoire.

## 3. *Le nationalisme libéral et la politique*

Ceux qui n'ont pas vécu de façon active les quatre
premières années de la décennie '60 ne peuvent comprendre la portée de ces années sur les contemporains. Pour en
juger convenablement, il faut en effet avoir connu les rêves
tout aussi bien que les désillusionnements qui furent associés à cette période communément appelée « Révolution
tranquille ».

Certes, on l'a vu, le passage d'une ère dominée par le
nationalisme conservatiste à une période marquée du sceau
du nationalisme libéral, n'eut rien d'une évolution spontanée. Il fut au contraire le fruit de lentes mutations, depuis
1940 au moins, dans plusieurs parties du corps social : les
syndicats ouvriers, les coopératives, les universités, l'Eglise,
la famille elle-même, etc. Comment expliquer que ces
mutations, dont on réalise aujourd'hui l'ampleur, passèrent
alors largement inaperçues, et qu'en plein coeur des années
'50 on pouvait encore continuer à parler de l'immobilisme
québécois ? Comment se fait-il que la défaite de l'Union

nationale lors des élections provinciales de 1960 produisit l'effet d'un détonateur, que les cadres porteurs du nationalisme conservatiste parurent éclater brusquement alors qu'ils étaient vermoulus et prêts à se décomposer d'eux-mêmes ? J'ai expliqué ailleurs [11] ce phénomène par les écarts qui se produisent entre le rythme de l'évolution dans le système social et dans le système politique de même que par l'effet du jeu de mirage résultant des idéologies politiques qui accentuent tantôt le conservatisme et tantôt le progressisme d'une société. Il est évident qu'entre 1950 et 1960 la société québécoise était moins conservatiste qu'il n'en paraissait et qu'après 1960 elle fut moins progressive qu'on l'estimait généralement alors. Il s'est produit que le Québec a dans l'entretemps cessé d'être la société populiste, vulnérable face à elle-même et devant ses leaders, qu'il avait été jusqu'à 1940, et même jusqu'à 1960. Désormais, il n'est plus possible d'ignorer les collectivités qui de plus en plus nombreuses foisonnent en son sein et qui deviennent de plus en plus conscientes d'elles-mêmes comme forces sociales.

Constatation surprenante : de toutes les parties du corps social, ce fut peut-être la politique au début qui offrit les plus grandes résistances au passage de l'ancien au moderne. S'il n'en avait tenu qu'au Premier Ministre Jean Lesage au cours de la première année de son administration surtout, il y a même lieu de penser qu'il se serait avec soulagement laissé retomber dans le sillon familier du nationalisme conservatiste. La fameuse déclaration concernant « la possession tranquille de la vérité » faisait écho à d'innombrables bons mots de Duplessis. Mais les temps avaient changé : la déclaration de Lesage souleva un flot

---

11. DION, Léon, « La polarité des idéologies : conservatisme et progressisme », *Recherches sociographiques*, vol. 7, nos 1-2, 1966, reproduit dans *La prochaine révolution*, Leméac, Montréal, 1973, 28-44.

de commentaires ironiques et le Premier Ministre, se voyant ridiculisé, jura qu'on ne l'y reprendrait plus à déclamer un discours qu'il n'aurait pas lu au préalable...

C'est tout de même la politique qui mit en train le processus d'accélération du changement et qui en demeura jusqu'en 1965 le principal moteur. Plus que tout autre définisseur institutionnel de la situation, elle mit à nu les problèmes. Sans ménagement, les ministres responsables des principaux portefeuilles, Paul-Gérin Lajoie, René Lévesque, Pierre Laporte, Jean Lesage lui-même, dévoilèrent les aspects majeurs des faiblesses collectives : en éducation, dans le domaine des ressources naturelles et de l'équipement collectif, en ce qui concernait la fonction publique et l'organisation des finances publiques, la sécurité sociale, le logement, l'habitat urbain, etc. Le Québec était en retard et devait adopter les mesures, quelles qu'elles fussent, même si elles devaient faire mal, propres à combler ces retards. Il fallait s'ouvrir sur le monde, changer les structures, réformer les mentalités. La primauté du politique s'affirme. L'Etat se présente comme un important levier de changement : du laisser-faire, on passe du jour au lendemain en plein *welfare state*.

Le gouvernement accroît énormément sa propre capacité d'action et de décision. Une pléthore de fonctionnaires, jeunes et talentueux, rapatriés d'Ottawa où souvent ils croupissaient, aigris, dans l'accomplissement de tâches subalternes ou encore venus de l'Université Laval qui depuis longtemps attendait le moment de remplir ce rôle, vinrent seconder, parfois guider, les efforts de ces ministres voués à la modernisation rapide du Québec.

Les demandes politiques émanent de tous les corps sociaux à la fois et se font de plus en plus nombreuses et pressantes : agraires, industrielles, culturelles, sociales. Pendant quelques années, le gouvernement paraît disposer de ces demandes avec la plus extrême facilité. De fait, la plus grande partie des actions gouvernementales ont été suscitées à l'origine par le gouvernement lui-même. Elles constituent, selon l'expression de David Easton, des « withinputs ». De même, les soutiens politiques s'amplifient et se diversifient. Les soutiens traditionnels : la paroisse, l'Eglise, les hautes élites cléricales, etc., s'inclinent devant les syndicats ouvriers, surtout la C.S.N., le mouvement coopératif, les organisations professionnelles, l'université. Il paraît loin le temps — et pourtant c'était en 1950 — où le Cardinal Léger pouvait encore écrire au Premier Ministre à la veille d'une rencontre : « au carrefour du spirituel et du temporel, nous aurons à traiter entre nous de problèmes communs ». (L'épiscopat jettera ses derniers atouts lors de la discussion du projet de loi 60 visant à créer un ministère de l'Education en 1963, et les perdra). La politique, tout comme la société, se sécularise. La diversification des soutiens fait apparaître le pluralisme déjà bien affirmé de la société québécoise. L'unanimité factice de rigueur sous l'Ancien Régime fait place à une différenciation des positions, dont certaines convergent, d'autres divergent. Pendant un certain temps le gouvernement absorbe avec facilité ces tendances et se montre très conciliant à l'égard des diverses formes d'opposition. Le régime est libéral au point même de légitimer les forces qui visent à la destruction du système politique comme dans le cas du mouvement séparatiste et lors de la transformation du Ralliement pour l'indépendance nationale en parti politique. On se montre toutefois beaucoup moins tolérant à l'endroit des mouvements socialistes qui, eux, visent au coeur le régime libéral. Ces réticences ou ces refus sont annonciateurs des orientations beaucoup plus rigides à l'égard des formes d'opposition radicale à compter de 1965. Comme tout système politique, le système poli-

tique québécois, après une courte période d'euphorie où
tout semblera possible, fera aussi de sa survivance sa première loi.

Plusieurs s'en sont pris et continuent de s'en prendre
au gouvernement libéral de Jean Lesage pour ce qu'ils
considèrent avoir été les « ratés » de la révolution tranquille. Et certes il faudrait être aveugle pour ne pas les
voir, ces ratés. Le problème toutefois se pose de savoir si,
dans les conditions qui prévalaient alors, il aurait été possible à ce gouvernement ou à tout autre gouvernement
désireux d'instaurer un régime libéral au Québec de les
éviter.

C'est ainsi que les changements si nombreux qui se
produisirent après 1960 dans les comportements et les
valeurs ne prirent des proportions de révolution que parce
qu'on avait tant tardé à amorcer les nécessaires réformes.
C'est ainsi que si le fait que le Québec possède aujourd'hui
le plus bas taux de natalité en Amérique du Nord (un peu
plus de 13 par 1000 habitants) nous frappe à ce point, c'est
parce qu'en 1960 encore il était le plus élevé après Terre-
Neuve et le Nouveau-Brunswick, soit environ 30 par 1000
habitants. (Ce sont surtout les conséquences sociologiques
de cette évolution qui retiennent aujourd'hui l'attention :
l'équilibre linguistique au Canada et au Québec ne peut
plus dépendre de la « revanche des berceaux » ... ). De
même, en ce qui concerne l'éducation : si l'ordre de grandeur et la rapidité des changements entre 1961 et 1965
furent si considérables, ce fut en raison des longs retards
accumulés.

Un moment éblouie par l'envergure des réformes envisagées de même que par le caractère spectaculaire des
premières réalisations, très tôt la population québécoise
fait savoir son mécontentement. Les insatisfactions dans
plusieurs domaines s'accumulent et s'amplifient. Les grands

espoirs de 1960, les enthousiasmes des premiers temps, déjà en 1965 se sont définitivement évanouis. Comment rendre compte de ces désillusions ? De deux façons : d'abord par l'amplification des désaccords entre certains agents sociaux et les agents politiques concernant à la fois la nature de la communauté politique et le caractère du régime politique convenant au Québec ; ensuite par l'accentuation rapide des impressions d'échec, notamment dans le domaine de l'éducation (le caractère monstrueux de plusieurs C.E.G.E.P. et la baisse apparente de la qualité de la formation donnée aux jeunes en conduit plusieurs à regretter les collèges classiques) et dans l'ensemble du domaine culturel : la promotion des arts et des lettres tant attendue ne s'accomplit pas ; par ailleurs, le gouvernement du Québec tarde à reconnaître que la question linguistique présente un problème alors que déjà des collectivités de plus en plus sûres d'elles-mêmes réclament l'unilinguisme français au Québec. L'affaire de Saint-Léonard ne fut pas un incident de parcours. Le système politique s'éveille enfin au problème linguistique en 1969 alors qu'il lui est posé de façon précise et pressante depuis 1961. Ce fut pourtant l'impression d'échec dans le domaine économique qui contribua le plus au discrédit du gouvernement Lesage et de celui de l'Union nationale qui suivit. Tant d'argent et d'énergies investis sans que ne soit atténué l'état de dépendance du Québec par rapport au Canada anglais et aux Etats-Unis — le contrôle de l'économie québécoise est aujourd'hui encore autant entre les mains des « étrangers » qu'il l'était en 1960 et sans que la position des Canadiens français par rapport à celle des autres groupes ethniques dans l'échelle des revenus ne tende à s'améliorer. Les Canadiens français ne sont peut-être plus les « porteurs d'eau et les scieurs de bois » qu'ils furent pendant si longtemps. Ils se sont instruits, etc. Mais ils sont bien loin d'occuper les postes de commande. Ils sont devenus, pour reprendre l'expression de Gérard Filion, des « quêteux à cheval ».

L'orientation de plus en plus pragmatique des gouvernements québécois depuis 1965, sauf un bref intermède entre 1966 et 1968 sous Daniel Johnson, fait ressortir le manque d'élévation morale et l'absence de projet collectif. Aux grands rêves associés aux premières manifestations de l'autonomisme positif et aux grandes réalisations de la Manicouagan font rapidement place de cruelles désillusions. Le gouvernement du Québec ferme complètement l'ouverture qu'il avait un temps entrouverte du côté du séparatisme. Le gouvernement fédéral rétablit fermement sa suprématie avec l'avènement de Pierre Elliott Trudeau en 1968. Malgré le slogan de la « souveraineté culturelle dans un fédéralisme rentable » et les velléités d'autonomisme de certains ministres, tel Claude Castonguay dans le domaine de la sécurité sociale et Jean-Paul Lallier dans celui des communications, on a l'impression que le gouvernement du Québec, comme le soutient Claude Morin [12], devient pour toutes fins pratiques une grande administration municipale. De même, le libéralisme du régime a subi de graves entorses. Depuis les événements d'octobre 1970, le gouver-

---

12. MORIN, Claude, *Le pouvoir québécois... en négociation,* Boréal Express, Montréal, 1972. Claude Morin s'en tient malheureusement à la reconstitution de scénario hypothétiques et très généraux. Il aurait pu avantageusement extrapoler à partir des développements politiques en cours dans plusieurs domaines spécifiques. Ses conclusions en auraient revêtu encore plus de force. C'est ainsi que dans le domaine de la politique scientifique, alors que le gouvernement fédéral, sous l'initiative du Premier Ministre Trudeau lui-même, s'engage dans une réorganisation de très grande envergure des conseils de recherche qui devrait rendre encore plus accessibles aux chercheurs de toutes les disciplines des centaines de millions de dollars, le gouvernement du Québec laisse le ministère des Affaires culturelles s'empêtrer dans des querelles byzantines avec les artistes et les éditeurs et se mettre à la remorque d'une foule d'intérêts particuliers qui le contraignent à pratiquer une politique à la petite semaine.

nement se montre toujours plus intolérant à l'égard de l'opposition (la façon de traiter les adversaires du projet de loi sur « la langue officielle » présenté et adopté au cours de l'été 1974 en offre une preuve supplémentaire) et toujours plus enclin à adopter des mesures répressives. On a dit avec raison que ce furent surtout les classes moyennes qui profitèrent de la « Révolution tranquille ». Il devient de plus en plus évident que le système politique québécois, dans l'ère du nationalisme libéral, est incapable de satisfaire, voire de comprendre, les besoins et les aspirations des milieux défavorisés et des régions excentriques. Le Québec, comme les sociétés qui l'entourent mais selon des conditions qui lui sont particulières, est entré dans l'époque des grandes polarisations.

## 4. *Les fonctions politiques du nationalisme libéral*

Le nationalisme libéral dévoile les possibilités d'action du gouvernement du Québec en tant que sous-système politique du système politique canadien. Mais les gestes posés et les solutions esquissées permettent des jugements bien différents selon les orientations socio-politiques de ceux qui les prononcent.

Le nationalisme libéral opte résolument pour un autonomisme de caractère positif, pour le droit à toute forme d'opposition active dans le contexte des règles et procédures démocratiques, pour la promotion culturelle et sociale des individus et des collectivités sous l'égide d'un *Welfare State* aussi bien équipé que possible et pour la modernité dans toutes les sphères d'activité. Plus particulièrement, il vise à la diversification et au renforcement des cadres sociaux secondaires de même qu'à l'épanouissement du pluralisme social et culturel. La poursuite de ces objectifs a entraîné nombre de conséquences, souhaitées ou non voulues, prévisibles et imprévisibles.

L'euphorie des premières années passées, on est mieux en mesure d'apprécier la marge de manoeuvre du gouvernement du Québec à l'intérieur du système politique canadien. Aux yeux même des agents politiques et encore davantage des agents sociaux les plus engagés dans le processus de modernisation du Québec, cette marge de manoeuvre apparaît très étroite. Le degré de souveraineté politique que réclame le Québec depuis 1962 ne peut être acquis sans une réforme constitutionnelle en profondeur du système politique canadien. Or, en 1975, semblable réforme paraît bien plus invraisemblable qu'en 1963, ce qui contribue à replacer le gouvernement du Québec sur la défensive dans ses rapports avec le gouvernement fédéral mais également à justifier la raison d'être des mouvements séparatistes. Par ailleurs, loin d'avoir été surmontée, la dépendance économique du Québec par rapport aux Etats-Unis et au Canada anglais, malgré tous les efforts, semble s'être accrue. Encore ici le nationalisme libéral a engendré des aspirations qu'il n'a pu satisfaire. Plusieurs concluent de cet échec que ce ne sont pas les aspirations qu'il faut changer mais bien plutôt le régime libéral lui-même. Enfin, le nationalisme libéral a rendu possible une certaine circulation des élites au Québec. La connaissance se substitue graduellement au statut social officiel comme principe de prestige personnel et d'influence. Là encore, toutefois, le mouvement n'a pas été complété. La structure hiérarchisée des classes sociales de même que la condition de domination et de dépendance qui l'accompagne n'ont pas été modifiées. La promotion sociale des masses ne s'est pas effectuée. D'où le sentiment chez plusieurs qu'une égalité réelle des chances ne peut être acquise à l'intérieur du régime actuel. Seule la mise en place d'un régime socialiste permettrait, selon eux, d'instaurer des conditions de vie équitables pour tous.

Ce serait là la fonction politique principale du nationalisme libéral : il aurait permis un premier déblocage, effectué le déblaiement du terrain. Il aurait de la sorte ouvert la voie à un autre régime politique marquant, soit un retour au conservatisme de naguère sous des formes différentes, soit le passage à une forme quelconque de socialisme. Les jeux étant ce qu'ils sont, tant que le nationalisme libéral persistera, l'incertitude concernant la communauté politique et le régime qui conviennent au Québec devrait continuer de s'accroître. Le Québec se trouverait dès lors en pleine période de transition. Et il est impossible de prévoir où peuvent bien mener les processus en cours tant sont grandes les contradictions et tant est difficile le choix d'une option.

# Le nationalisme social-démocrate et le nationalisme socialiste

Le socialisme ou même la social-démocratie de type scandinave ou britannique n'a jamais pu s'implanter solidement dans une société aussi profondément conservatiste que le Québec. Il y eut certes des marxistes ou des socialistes non-marxistes au Québec avant 1960. Ce n'est toutefois que depuis la fin des années '50 qu'ils ont réussi à faire surface et à se regrouper dans des mouvements sociaux possédant un certain rayonnement. Est-ce à dire que le socialisme représente désormais une force avec laquelle il faut compter au Québec ? Quatre ordres de considérations permettent de cerner la question.

En premier lieu, contrairement aux anglophones du Québec, les francophones ont jusqu'ici toujours boudé la

social-démocratie pan-canadienne, tant celle de la C.C.F.
que celle du N.P.D. qui en a pris la relève. Ce ne furent
pourtant pas les tentatives de la part de ce parti fédéral
d'attirer les Canadiens français qui manquèrent depuis
1960 : choix d'un Québécois comme président « national »
du parti, Michael Oliver, qui, quoique anglophone, est
parfaitement bilingue et très bien connu et estimé parmi
les intellectuels francophones ; octroi d'une autonomie assez
large à la section québécoise du parti et nomination d'un
président francophone du N.P.D.-Québec (Robert Cliche,
G. Raymond Laliberté et F. Gautrin) ; insertion dans le
programme électoral du parti de positions paraissant rejoindre les sentiments des Québécois francophones au risque
de s'aliéner une partie du vote anglophone au Québec et
surtout ailleurs au pays, comme ce fut le cas lors de l'élection fédérale de 1968 avec l'adhésion mitigée du parti à la
thèse des « deux Nations ». Lors de l'élection fédérale de
juillet 1974, le N.P.D. fit plus mauvaise figure que jamais
au Québec. Qu'est-ce donc qui éloigne les électeurs francophones : est-ce le fait que ce parti est « socialiste » ? N'est-
ce pas plutôt parce que, malgré des efforts certains, il n'a
n'a pas réussi à dissiper l'image de parti « anglais » qu'il a
toujours eue aux yeux des francophones ? Cette dernière
possibilité me paraît plus probante que la première : la
piètre performance électorale jusqu'ici de la social-démocratie au Québec serait attribuable au fait qu'il n'a pu
effectuer une jonction organique avec une idéologie nationale franchement québécoise.

En second lieu, la montée d'un socialisme proprement
québécois coïncide avec le mouvement de « libération »
qui se déclenche au Québec à la suite des élections provinciales de 1956. Ces élections reportèrent au pouvoir une
Union nationale en apparence plus forte que jamais mais
se corrodant rapidement de l'intérieur. C'est pourtant à la

faveur de la victoire libérale de 1960 que le socialisme prend enfin un certain essor en tant que mouvement et, de façon paradoxale en apparence mais bien logique en réalité, qu'il se porte avec force à la contestation d'un régime, le régime libéral, qui lui octroie enfin la chance de se manifester.

En troisième lieu, l'apparition du socialisme comme mouvement social coïncide avec les mutations du nationalisme québécois, au cours des années '60 et, plus particulièrement, avec l'irruption d'une forte vague indépendantiste. La question se pose aujourd'hui de savoir si celle-ci est nécessaire à celui-là et, à l'inverse, dans quelle mesure le premier peut aider ou nuire à la dernière.

Enfin, il importe d'insister sur le fait qu'entre le nationalisme social-démocrate et le nationalisme socialiste, plus particulièrement sous sa forme marxiste-léniniste, il existe bien plus que de simples différences de degré. En réalité, on est en présence de deux variétés de nationalismes essentiellement différents. L'écart idéologique qui sépare le nationalisme social-démocrate, dont le Parti québécois se fait le porte-parole, du nationalisme socialiste de type marxiste-léniniste véhiculé au Québec durant les années '60 par des intellectuels, particulièrement ceux de *Parti pris,* et peut-être plus encore par des militants ouvriers, comme Madeleine Parent, est sans aucun doute plus considérable que celui qui existe entre le nationalisme social-démocrate et le nationalisme libéral, particulièrement au fur et à mesure où les préoccupations d'ordre électoral amènent le Parti québécois à atténuer son idéologie sociale.

C'est surtout en effet par leur idéologie sociale que le nationalisme socialiste et le nationalisme social-démocrate se distinguent l'un de l'autre. Le premier est doctrinal et cherche à définir de façon rigoureuse, à partir du marxiste-léninisme, les bases théoriques de ses stratégies d'action.

Le second est pragmatique et, comme le montre la conclusion des nombreux débats idéologiques depuis 1969 au sein
du Parti québécois, quand il le faut, il n'hésite pas à ajuster
les prémisses idéologiques aux exigences d'efficacité. Et
tandis que le nationalisme socialiste part du principe que
les contradictions socio-économiques au Québec sont profondes et débouchent fatalement sur la lutte des classes,
qu'il poursuit systématiquement sa radicale critique du
capitalisme impérialiste et de la bourgeoisie, qu'il se fait le
champion de la classe ouvrière et qu'il restreint virtuellement son action à la pénétration graduelle des couches
populaires des milieux urbains, le nationalisme social-
démocrate, de son côté, propage une conception « unani-
miste » de la société et recherche tout à la fois les suffrages
des classes moyennes et ceux des couches populaires.

Ces considérations devraient inciter à ne pas fondre
dans une même section le nationalisme social-démocrate et
le nationalisme socialiste. Dans mon exposé, je vais d'ailleurs mettre l'accent sur le nationalisme social-démocrate
et je traiterai du nationalisme socialiste surtout dans la
mesure où il me paraît, comme dans le cas de *Parti pris*,
avoir contribué au développement des conditions qui per-
mirent la naissance du Parti québécois et qui, par la suite,
contribuèrent à l'émergence et au dénouement des tensions
idéologiques internes à ce Parti. Par ailleurs, malgré tout
ce qui les oppose l'un à l'autre, le nationalisme social-
démocrate et le nationalisme socialiste se trouvent souvent
conduits à prendre position l'un par rapport à l'autre, sinon
à exercer des fonctions sociologiques complémentaires, du
fait que l'un et l'autre visent à l'abolition de la communauté politique canadienne, s'en prennent au régime politique en vigueur (bien qu'il n'y ait pas comme mesure entre
la dénonciation radicale du libéralisme à laquelle se livre
le nationalisme socialiste et les réformes très mitigées que

préconise le nationalisme social-démocrate, surtout celui du Parti québécois qui demeure essentiellement libéral) et dénoncent bien qu'à des degrés divers et pour des raisons très différentes les autorités politiques en place. Par dessus tout, les conditions concrètes de la lutte politique au Québec depuis 1970 sont telles que nationalistes socialistes et nationalistes sociaux-démocrates sont constamment conduits à se répondre les uns aux autres et souvent à mener les mêmes combats. La montée du Parti québécois, seule formation partisane qui soit à la fois indépendantiste et « plus à gauche », conduit même bon nombre de nationalistes socialistes à appuyer pour des raisons tactiques le Parti québécois, dans des circonstances particulières, par exemple, lors des élections.

## 1. *Les conditionnements du nationalisme social-démocrate et du nationalisme socialiste*

Il n'est pas possible, dans le cadre d'un simple essai, de rendre convenablement compte de l'irruption simultanée sur la scène politique québécoise de deux formations idéologiques différentes, l'une nationale, le séparatisme, et l'autre sociale, la social-démocratie et les divers socialismes. Il serait encore plus difficile d'expliquer les raisons des nombreuses tentatives d'effectuer une jonction entre ces deux idéologies.

Depuis Jean-Paul Tardivel, ce grand aîné de Henri Bourassa et de Lionel Groulx, le séparatisme existe toujours au Québec comme une tentation inavouée, un rêve difficilement réprimé. Le séparatisme fut longtemps considéré comme un péché de jeunesse dans lequel il ne sied plus de tomber dans l'âge adulte. Aussi récemment que le 20 février 1961, André Laurendeau, qui lui-même avait été séparatiste dans sa jeunesse, écrivait : « Il est normal, ou en tout cas fort acceptable, qu'on soit séparatiste à vingt-cinq ans. Cela devient plus inquiétant quand on en est à trente-cinq ». Ce n'est qu'à l'aube du Nouveau Régime, en 1960, que le séparatisme parvient à s'implanter comme un mouvement social doué d'une permanence certaine.

La même constatation vaut encore davantage pour le socialisme : jusqu'au milieu du vingtième siècle les socialistes un peu systématiques furent archi-rares au Québec, la plupart des noms qu'on pourrait citer, ayant d'ailleurs, à d'autres périodes de leur vie, également tâté du libéralisme, du corporatisme ou du facisme, et même de toutes ces idéologies successivement.

Ce fut un phénomène encore plus rare, jusqu'à la fin des années '50, de voir un penseur ou un groupe de penseurs tenter de soudre ensemble séparatisme et socialisme ou même social-démocratie. Depuis lors, toutefois, c'est là une opération à laquelle s'appliquent avec beaucoup de sérieux de nombreux intellectuels, nombre de mouvements sociaux et même, en ce qui concerne la social-démocratie, un parti politique ayant pignon sur rue, le Parti québécois.

A défaut d'une explication élaborée de ces sensationnelles mutations, quelques jalons d'interprétation seront utiles.

Il convient d'abord de faire état de la conjoncture internationale durant les années qui suivirent la deuxième guerre mondiale. Partout dans le monde, plus particulièrement dans les anciennes colonies afro-asiatiques en voie de conquérir leur indépendance, l'éveil des nationalismes se fait concomitamment avec l'irruption de formes diverses de socialismes, en particulier du marxisme-léninisme, le plus souvent sous l'influence de l'Union soviétique ou de la Chine. La fusion des deux formations idéologiques se révèle partout explosive. La raison en est qu'elle provoque la confrontation d'une fierté collective nouvellement acquise et de la conscience d'un état aigu de dépendance doublé de la peur incontrôlable qu'engendre la faim. Karl Deutsch décrit fort bien les conséquences possibles de cette tragique condition : « Dans quelques-uns des pays les plus pauvres des gouvernements prendront le pouvoir qui préféreront disparaître dans une explosion que de laisser le peuple mourir de faim en poussant un cri plaintif... Nous ne pouvons plus pousser au désespoir une minorité substantielle, un groupe ethnique majeur, ou un groupe social important ». [1]

Certes, le Québec n'est pas une colonie africaine. Mais ce fait ne peut empêcher nombre de Québécois d'associer subjectivement leur condition avec celle des peuples africains ou des Noirs américains. Le succès de librairie au Québec du livre de Frantz Fanon *Les Damnés de la terre* et surtout l'influence que ce livre exerça sur les socialistes et nombre d'indépendantistes québécois montrent bien que la convergence du séparatisme et du socialisme au Québec représente un événement qui a sa source bien à l'extérieur du Québec. Mais si la plupart des libérations nationales se font au nom d'un nationalisme socialiste, pourquoi le Québec échapperait-il à la règle ?

Aux conditions internationales incitatrices, s'ajoutent les facteurs d'ordre interne. Grandi dans l'ombre du nationalisme libéral fortement autonomiste des premières années du gouvernement Lesage (1961-1965) et de celui de Daniel Johnson (1966-1968), le courant séparatiste s'affirme et se consolide à la faveur de l'érosion de ce nationalisme officiel durant les deux dernières années du gouvernement Lesage et de son abandon virtuel par la suite, sous Jean-Jacques Bertrand et sous Robert Bourassa. Cette désaffection nationaliste s'accompagne de la réticence croissante du Canada anglais à l'égard des diverses manifestations de

---

1. DEUTSCH, Karl W., « Between Sovereignty and Integration. Conclusion » dans IONESCU, Ghita, ed., « Between Sovereignty and Integration », Croom Helm, London, 1974, 186-187.

l'autonomisme politique québécois et de son refus de considérer sérieusement toutes les formules mises de l'avant par les dirigeants politiques québécois en vue d'amender la constitution ou de renouveler le fédéralisme canadien.

Par ailleurs, les grands espoirs de regénération politique, économique et culturelle du Québec qu'avait suscités l'adoption par le gouvernement Lesage du *Welfare State* comme philosophie politique sont vite déçus. Le gouvernement devient de plus en plus incapable de répondre convenablement aux demandes de la part des collectivités les plus diverses : syndicats ouvriers, quartiers défavorisés des villes, régions rurales excentriques, etc., qui, elles, se font de plus en plus pressantes. Les jeunes qui s'instruisent en nombres sans cesse croissants et qui, comme partout ailleurs, se révoltent contre le système établi et les intellectuels que les acquis mitigés de la « Révolution tranquille » laissent sur leur appétit vont fournir le gros de la première clientèle des mouvements indépendantistes et socialistes québécois.

Déjà à la fin des années '50, la *Revue socialiste,* sous la direction de Raoul Roy, faisait concurrence à *Cité libre.* Le 8 septembre 1960, soit deux jours avant la création du Rassemblement pour l'indépendance nationale, l'Action socialiste pour l'indépendance du Québec est fondée. Ce mouvement, qui entend regrouper les éléments qui gravitent autour de la *Revue socialiste,* est le premier à affirmer « l'indissolubilité de la question nationale et de la question sociale ».

C'est dans ces foulées que, d'une façon beaucoup plus ambiguë, le Rassemblement pour l'indépendance nationale est créé. Comme le montre André D'Allemagne [2], les dissi-

_____

2. D'ALLEMAGNE, André, *Le R.I.N. et les débuts du mouvement indépendantiste québécois,* Editions l'Etincelle, Montréal, 1974. Egalement : GINGRAS, François-Pierre, *L'engagement indépendantiste au Québec,* dissertation doctorale, Université René Descartes, Paris, 1971.

dences qui se produisent au sein de ce mouvement, d'abord parmi la droite, sous l'instigation de Marcel Chaput qui fonde le Parti républicain populaire en décembre 1962, et puis parmi la gauche chez les partisans d'Andrée Ferretti en mars 1968, manifestent l'ampleur de la difficulté d'effectuer une jonction du national et du social au Québec. Le Parti québécois, en fusionnant en octobre 1968, sous la présidence de René Lévesque, le Mouvement souveraineté-association de René Lévesque et le Ralliement national du Dr. Jutras et de Gilles Grégoire (le Rassemblement pour l'indépendance nationale s'est peu après dissout et ses membres furent invités à joindre individuellement les rangs du Parti québécois), hérite de ces mêmes tensions et, en 1975, il n'est pas encore parvenu à les résoudre convenablement. Des revues comme *Liberté, Parti pris,* laquelle affrontera de front et terrassera *Cité libre,* la *Revue socialiste* et, aujourd'hui, *Maintenant* et même *Relations* tentent laborieusement de trouver la formule qui permettrait d'effectuer de façon satisfaisante la difficile fusion du séparatisme et du socialisme dans le contexte propre au Québec. Les échos de ces publications se répercutent partout, parmi les syndicats ouvriers, les comités de citoyens et jusqu'au sein de la Société Saint-Jean-Baptiste de Montréal et surtout du Mouvement National des Québécois (nouveau nom pour la Fédération des Sociétés Saint-Jean-Baptiste), dont Jacques Hamel a montré que dans le domaine socio-économique, il s'est mis à la remorque du Parti québécois. [3]

---

3. HAMEL, Jacques, « Le mouvement national des Québécois à la recherche de la modernité », *Recherches sociographiques,* vol. 15, no 3, 1973, 341-363. Quant à l'organe officieux du Parti québécois, le quotidien *Le Jour,* s'il s'affirme clairement indépendantiste sur le plan national, on n'y décèle guère d'idéologie sociale.

## 2. *Les arguments du nationalisme social-démocrate et du nationalisme socialiste*

Contrairement à *Cité libre*, *Parti pris* n'est à peu près jamais considéré comme ayant exercé une influence majeure dans la récente évolution socio-politique du Québec. Fondée en octobre 1963 en raison de désaccords idéologiques irréductibles au sein de *Cité libre*, la revue publie son dernier numéro — le trente-neuvième — à l'automne 1968 à la suite de vaines tentatives de la part des rédacteurs d'en arriver à une vue commune concernant l'attitude à prendre face au Parti québécois, récemment créé.

Le peu d'importance généralement concédée à *Parti pris* par rapport à *Cité libre* dont, au contraire, on exagère grandement le rayonnement tient à trois faits principaux : les idées dont *Parti pris* s'est fait le porte-parole, contrairement à celles de *Cité libre*, n'ont pas été endossées par un parti politique majeur et ne sont pas devenues l'idéologie politique dominante ; aucun rédacteur de *Parti pris* n'a jusqu'ici occupé une position officielle de dominance, ceux qui, comme Charles Gagnon et Pierre Vallières, ont eu un moment de notoriété, se sont trouvés, par leurs actes mêmes, « marginalisés » dans l'ensemble de la société québécoise ; enfin, le doctrinarisme poussé de la revue a fait de cette dernière surtout une revue d'école et, à certains égards, d'écoliers, éloignant ainsi les intellectuels plus soucieux de coller à la réalité québécoise que de faire de l'exégèse autour du marxisme-léninisme ou encore de la bonne façon d'analyser les conditions québécoises dans l'optique du marxisme-léninisme.

Malgré ces déficiences, *Parti pris* ne mérite pas l'oubli dans lequel il est tombé. Pendant près de cinq ans, il fut le principal lieu de rencontre des intellectuels de la génération d'après *Cité libre* qui ont opté à la fois pour le sépa-

ratisme et pour le marxisme-léninisme. Paul Chamberland,
Andrée Ferretti, Charles Gagnon, Pierre Maheu, Jean-Marc
Piotte, Luc Racine, Gaétan Tremblay et Pierre Vallières,
qui furent les principaux rédacteurs de cette revue, sont
tous dotés d'une intelligence supérieure. La thèse qu'André
Potvin a consacrée à l'idéologie nationaliste de *Parti pris* [4]
montre bien que cette revue fut au centre des grands débats
de la décennie '60 parmi les cercles nationalistes et socialistes : débats concernant la bonne façon de relier séparatisme et socialisme, le rôle de la violence dans l'accession
d'un Québec indépendant et socialiste, la nature du socialisme convenant au Québec, les méthodes propres à assurer
la « décolonisation » du Québec, les conditions de la lutte
des classes au Québec, etc.

De fait, on trouve autant, sinon plus, de bons textes
dans *Parti pris* que dans *Cité libre*. Ce qui surtout rend
l'analyse de *Parti pris* insuffisante pour comprendre la
nature du nationalisme socialiste et surtout du nationalisme
social-démocrate qu'il dénonçait, c'est le fait qu'il se soit
sabordé en 1968, c'est-à-dire au moment même où une
révolution culturelle majeure, véhiculée surtout par la jeunesse étudiante mais ayant des répercussions à travers toute
la société, était en cours au Québec. Outre *Parti pris*, il
s'impose de tenir compte d'autres revues comme *Maintenant*, que l'on peut considérer comme son héritière, et
même *Relations*. Il importe également de faire état des
ré-orientations radicales survenues depuis cinq ans au sein

---

4. POTVIN, André, *L'alliée-nation. De l'idéologie nationaliste de la
revue Parti pris ou pour comprendre le nationalisme québécois.*
Dissertation de maîtrise, Université d'Ottawa, 1970. Sur l'ensemble
des mouvements du nationalisme social-démocrate et du nationalisme
socialiste, voir : MILNER, S.H. and H., *The Decolonization of Quebec. An Analysis of Left-Wing Nationalism,* McClelland and Stewart,
Toronto, 1973.

du mouvement syndical dont Louis-Marie Tremblay [5] a fait un premier examen. Il faut enfin rendre compte de l'essor et des réalisations du Parti québécois depuis six ans. Dans les limites d'un simple essai, il n'est pas possible de rendre justice à toutes ces tendances. La complexité du sujet empêche également d'esquisser ici une première synthèse que Micheline de Sève et moi avons ailleurs tentée sous un angle particulier. [6] Conscient que le syncrétisme de ma démarche risque de masquer les radicales divergences d'orientations qui existent entre les protagonistes du nationalisme social-démocrate et ceux du nationalisme socialiste, je vais quand même énoncer quelques considérations d'ensemble sur les positions de ces nationalismes concernant la communauté politique, le régime et les autorités.

Dans la plupart de ses expressions, le nationalisme socialiste tout comme le nationalisme social-démocrate du Parti Québécois opposent une fin de non recevoir plus ou moins absolue au système politique canadien. Sous cet aspect, ils se confondent avec le séparatisme de droite, notamment celui de l'Alliance laurentienne fondée par Raymond Barbeau, mais les divergences entre les premiers et cette dernière quant au régime politique qui convient au Québec excluent toute possibilité d'entente durable, même simplement tactique. Les arguments invoqués pour fonder cette opposition au système politique canadien de même que pour justifier le projet d'un système politique

---

5. TREMBLAY, Louis-Marie, *Le syndicalisme québécois. Idéologies de la C.S.N. et de la F.T.Q. 1940-1970*, Les Presses de l'Université de Montréal, 1972. Dans le cadre de l'enquête sur les cultures politiques au Québec que Micheline de Sève, Jacques Hamel et moi conduisons présentement, quatre monographies sont consacrées aux principales organisations syndicales : Raymond Hudon (C.S.N.), Carol Levasseur (F.T.Q.), Louise Laliberté (C.E.Q.), et Gabriel Gaudette (C.S.D.).

6. DION, Léon, DE SEVE, Micheline, « Québec : Interest Groups and the Search for an Alternative Political System », *The Annals of the American Academy of Political and Social Science*, vol. 413, May 1974, 124-144.

de remplacement ayant le Québec pour cadre sont toutefois largement identiques chez tous les séparatistes québécois, quelle que soit leur idéologie sociale.

Une première série d'arguments vise à démontrer que le système politique issu de l'Acte de l'Amérique britannique du Nord, appelé Confédération canadienne, ne sert pas les meilleurs intérêts des Québécois et qu'il est illusoire de croire pouvoir le réformer de façon appréciable. Le gouvernement, la Chambre des communes, l'administration et la Cour suprême fédéraux sont constitués d'une majorité permanente d'anglophones et, dans ces circonstances, il n'est que normal que ces organismes servent d'abord les intérêts de la majorité anglophone du pays. De plus, les tentatives, même les plus récentes, de redresser la situation en vue d'instaurer une « égalité entre les partenaires » ont toujours abouti à des échecs notoires comme le démontrent le fiasco de la Commission d'enquête sur le bilinguisme et le biculturalisme et l'absence d'impact de la loi fédérale sur les langues officielles. En se lançant dans une offensive en vue de promouvoir le multiculturalisme à l'échelle canadienne comme il l'a fait depuis 1972, le gouvernement fédéral démontre une fois de plus jusqu'à quel point il n'entend rien à la problématique québécoise. Plus encore : la situation des Canadiens français à travers le pays se détériore rapidement comme le montre le recensement fédéral de 1971. Les minorités françaises, sauf au Nouveau-Brunswick, s'effritent rapidement et il est maintenant impossible de rectifier les conditions démographiques et socio-économiques responsables de cette détérioration. Dans peu d'années, à l'exception des Acadiens qui au Nouveau-Brunswick vont s'accrocher encore longtemps à leur propre mythe de la survivance, il n'y aura virtuellement plus de Canadiens français en dehors du Québec. La proportion des Canadiens français dans l'ensemble du

pays va baisser régulièrement et déjà des prévisions émanant de Statistiques-Canada indiquent qu'elle ne sera plus
que de vingt pour cent (par rapport à vingt-huit pour cent
aujourd'hui) dans quelques décennies. Même au Québec,
dans le cadre politique actuel, la proportion des Canadiens français va décroître dangereusement, surtout dans
la région de Montréal. La récente loi 22 qui proclame
le français langue officielle et qui est censée promouvoir
le français au Québec entraînera d'après plusieurs des
conséquences aussi néfastes que l'infâme loi 63 qu'elle
remplace, ce qui tendrait à démontrer qu'il est impossible
même de protéger la langue française dans le contexte
politique actuel.

Espérer remédier à la situation tragique des Canadiens
français dans le cadre d'une fédération « rénovée », comme
le souhaitent certains fédéralistes, selon les porte-parole du
nationalisme socialiste et du nationalisme social-démocrate,
serait chimérique parce que le Canada anglais et le gouvernement fédéral ont abondamment fait la preuve qu'ils ne
peuvent pas y consentir. D'ailleurs, selon leur point de
vue, ils ont raison de s'opposer à une décentralisation
politique ou à l'octroi d'un statut particulier au Québec
puisque pareils accomodements aboutiraient à l'affaiblis-
sement du Canada alors que les exigences socio-économiques et culturelles de même que les conditions internationales des sociétés contemporaines requièrent des
gouvernements forts. Le gouvernement du Canada aurait
bien tort de s'affaiblir pour tenter, probablement en vain,
d'amadouer le Québec. Bref, il faudrait, sans rancoeur
comme sans haine, conclure que le gouvernement du
Canada et que le Canada anglais ne peuvent rien faire
pour le Québec et qu'en conséquence la seule solution
logique consiste à scinder le système politique canadien
de façon à assurer l'existence de deux gouvernements

indépendants forts, quitte à constituer par la suite entre eux des liaisons que les exigences de l'économie, de la défense commune, etc., pourraient rendre nécessaires.

Une seconde série d'arguments se dérive de l'arsenal de justifications qu'ont édifiés les peuples afro-asiatiques depuis 1945 pour conquérir leur indépendance. La théorie de l'autodétermination politique ou du droit des peuples à disposer d'eux-mêmes, mise de l'avant en 1917 par le Président Woodrow Wilson en faveur des peuples de l'Europe centrale et de l'Est désireux de se constituer en nations-états, est reprise avec beaucoup plus d'emphase dans l'après-deuxième guerre mondiale. Le succès contagieux de cette formule vient du fait qu'il est impossible de la contredire de front puisqu'elle paraît relever d'une sorte de droit naturel, comme le souligne d'ailleurs la déclaration des Droits des Nations-Unies. Le nationalisme social-démocrate et le nationalisme socialiste, pour leur part, ont fait de la théorie de l'autodéterminition politique la pierre d'assise de leur argumentation positive.

L'autre argument positif, également tiré de l'expérience internationale d'après-guerre, concerne le droit des peuples colonisés à s'affranchir de la tutelle des peuples colonisateurs. Les divers mouvements indépendantistes québécois ne mettent pas la même ardeur à dénoncer l'état de colonialisme dans lequel, selon eux, le Québec croupit ; mais tous font appel à l'argument anti-colonialiste à des degrés divers, le nationalisme socialiste étant très agressif et le nationalisme social-démocrate, tel qu'exprimé par le Parti québécois, étant, quant à lui, plus précautionneux. L'anti-colonialisme vise d'abord le système politique canadien, lequel constituerait une conséquence directe de la Conquête de 1760 qui soumettait les Français de la Nouvelle-France au joug des Anglais. Il vise ensuite les Etats-Unis contre lesquels le Canada ne réussit pas à se protéger.

Le sentiment qui prévaut parmi les nationalistes socialistes et les nationalistes sociaux-démocrates est que, par suite de la réforme du régime politique, de même que des particularismes culturels des Québécois, il serait plus facile d'assurer l'indépendance économique et culturelle de ces derniers dans un Québec indépendant que dans le cadre d'un système politique dont la majorité des membres, constituée d'anglophones, leur paraissent n'avoir aucune identité propre ou tout au moins être peu désireux de conserver les traits originaux qui les distingueraient des Américains. La thèse dévastatrice de Kari Levitt [7] concernant la mainmise américaine sur le Canada, notamment par le jeu complexe des corporations multinationales, a beaucoup contribué à raffermir les convictions des porte-parole du nationalisme socialiste et du nationalisme social-démocrate à ce propos (c'est le conseiller économique du Parti québécois, Jacques Parizeau, qui a préfacé l'édition française de cet ouvrage).

Si les nationalismes anciens furent de façon prédominante libéraux, ceux de l'après-deuxième guerre mondiale — yougoslave, tchèque, chinois, coréen, vietnamien, africain, cubain, sud-américain — tendent à être socialistes. La plupart des libérations nationales s'appuient sur une forme plus ou moins domestiquée de marxisme-léninisme. Du point de vue idéologique, le Québec diffère de ces autres cas surtout en ceci que même les mouvements indépendantistes de l'après-deuxième guerre mondiale ont beaucoup de difficulté à effectuer une jonction organique avec le marxisme-léninisme qui soit susceptible de produire une idéologie capable d'attirer et de mobiliser les masses. Sans aucun doute, il existe au Québec des courants marxistes-léninistes. Jusqu'ici toutefois le nationalisme

---

7. LEVITT, Karl, *La capitulation tranquille*, Réédition-Québec, Montréal, 1972.

socialiste n'a pu engendrer des mouvements sociaux d'envergure que là où on est parvenu à mettre en sourdine le vocabulaire sinon les thèses les plus flamboyantes du marxisme-léninisme, comme dans le cas des syndicats ouvriers et surtout dans celui de la social-démocratie du Parti québécois qui paraît même en train d'atténuer les éléments de social-démocratie de son programme au point d'épouser les thèses néo-libérales à mesure que sa lutte pour le pouvoir se corse. Ce qui est révolutionnaire au Québec, même aujourd'hui, ce n'est pas d'être anti-libéral — l'enracinement libéral, on l'a vu, est bien peu profond parmi la population —, c'est d'être socialiste plutôt que conservatiste.

C'est au niveau des valeurs invoquées que l'unité de la structure du nationalisme socialiste se manifeste le mieux. Y sont affirmées, par-dessus toutes les autres, les valeurs de justice, d'égalité et de dignité. Sans aucun doute ces valeurs font également partie du stock des valeurs libérales, comme en fait foi le slogan de la « société juste » mis de l'avant par Pierre Elliott Trudeau lors de l'élection générale fédérale de 1968. La différence entre le libéralisme et le socialisme sous cet aspect en est d'abord une d'accent. Lorsque le socialiste parle de dignité humaine, il ne signifie pas la même chose que le libéral comme le démontrent les mouvements populaires de Montréal. Le premier entend insister surtout sur les conditions concrètes, matérielles de vie tandis que le second vise essentiellement les aspects moraux de l'existence. En outre, le premier considère la dignité comme une condition d'abord collective — ou mieux une condition qui concerne l'individu mais qui passe par les collectivités qui encadrent l'individu — tandis que le second la perçoit avant tout dans ses seules dimensions individuelles. Le premier parle de « promotion collective », le second de « meilleures chances » fournies à l'individu de s'instruire, de travailler, de s'enrichir en vue de l'aider à faire meilleure figure dans la dure lutte de chacun contre tous pour le succès.

De même existe-t-il entre le socialiste et le libéral une conception différente de la rationalité. Tandis que le second conçoit la rationalité exclusivement selon des critères économiques comme en témoignent le parti libéral fédéral et celui du Québec, le premier s'inspire surtout d'une rationalité sociale. Il se préoccupe beaucoup plus de qualité de vie que de croissance économique.

L'accent mis sur la justice et l'égalité oppose également, dans les faits sinon en principe, le socialisme au libéralisme. Tandis que dans le second cas les proclamations de justice et d'égalité se bornent généralement à des voeux pieux encore que souvent sincères, dans le premier cas, la volonté d'instaurer un ordre juste et égalitaire est telle qu'elle conduit à chercher les moyens de le rendre possible dans la réalité. D'où l'opposition au capitalisme comme système de production industriel et à la bourgeoisie en tant que classe dominante et injustement bénéficiaire des effets inégalitaires du capitalisme.

Un autre thème, populaire dans les années '60 parmi certaines tendances du nationalisme socialiste, est celui de l'anti-cléricalisme ou du laïcisme. Ce thème fut affirmé avec beaucoup de vigueur chez *Parti pris*. Il paraît virtuellement abandonné aujourd'hui, soit qu'on trouve qu'il n'ait plus d'objet — l'Eglise n'étant plus le pouvoir qu'elle fut naguère — soit qu'on craigne de froisser inutilement des convictions personnelles intimes ou soit enfin qu'il survive chez les dirigeants de mouvements des sentiments religieux vivaces.

Le nationalisme socialiste prolonge l'érosion de l'autorité traditionnelle que le nationalisme libéral avait provoquée. Il accroît toutefois la crise de l'autorité engendrée par ce dernier en ce qu'il nie aux autorités politiques en place même le droit de gouverner. En cela, ce nationalisme rejoint des courants d'opinion profonds et très répandus parmi toutes les catégories sociales.

Ce nationalisme n'est pas anarchique, c'est-à-dire qu'il ne se prononce pas contre l'autorité en tant que telle. Mais comment entend-il regénérer l'exercice de l'autorité? La réhabilitation de l'autorité suivrait, non pas d'une réforme des moeurs ni de campagnes d'éducation mais bien plutôt du changement du système politique et surtout du régime politique et économique. La substitution du socialisme au libéralisme capitaliste actuellement dominant entraînerait une circulation des classes et un renouvellement des élites dirigeantes. La bourgeoisie cesserait d'occuper les postes de direction dans toutes les sphères d'activité. Elle céderait la place aux couches populaires, c'est-à-dire aux représentants les plus éclairés de celles-ci.

Sous la plupart de ces aspects, le nationalisme social-démocrate, sous la forme selon laquelle il se présente dans le Parti québécois, occupe une position moyenne entre le socialisme et le libéralisme et même tend à se rapprocher davantage de ce dernier. C'est ainsi que la rationalité des éléments qui dominent actuellement le Parti québécois est nettement économique. Ce parti a très vite appris, à ses dépens, que des considérations économiques à courte vue influencent largement l'orientation partisane du vote et il s'affaire à ajuster en conséquence ses propres critères de jugement en toutes matières. (Ce sont de tels critères qui ont inspiré l'infortuné document sur le budget public du Québec produit au début de la campagne électorale de 1973 après la première année de l'indépendance!). De même, en ce qui concerne la justice et l'égalité, le Parti québécois, tout en énonçant dans son programme plusieurs mesures propres à instaurer un ordre socio-économique plus équitable pour tous, compose en pratique avec les institutions du régime prédominant et même, sans le vouloir, contribue indirectement à le consolider. Le Parti québécois, pour l'ensemble, renouerait avec la période ardente de la « Révolution tranquille » : par certaines nationalisations opportunes et par des contrôles serrés sur l'ensemble de l'économie, ce parti chercherait à promouvoir l'ensemble de la collectivité québécoise, mais il est probable que, tout comme durant la belle époque de la « Révolution tranquille », ce sont avant tout les classes moyennes qui bénéficieraient de ces mesures.

De même, en ce qui concerne l'orientation vis-à-vis des autorités politiques, le nationalisme social-démocrate tel que le Parti québécois le formule est beaucoup moins radical dans son rejet que le nationalisme socialiste. Si ce parti se sent suffisamment compétent pour fournir les cadres de remplacement des autorités politiques en place, on en retire la ferme conviction qu'il s'agirait bien davantage de simple transfert de personnes au pouvoir que de remplacement d'une classe dirigeante par une autre, comme dans le cas du nationalisme socialiste. Le Parti québécois reste bien en deçà des positions des syndicats ouvriers sur ce point. Ceux-ci en effet dénoncent la « collusion » des classes dirigeantes (un document de la C.S.N. s'intitule *La grande tricherie*) et revendiquent « le pouvoir pour les travailleurs » sans trop préciser toutefois quelles catégories sociales sont incluses ou exclues par cette expression.

Dans une analyse serrée des sondages de son propre institut, Louis Harris montre que la méfiance à l'endroit de toutes les autorités — religieuses, patronales, syndicales, politiques, etc — s'est beaucoup accrue aux Etats-Unis depuis dix ans et que cette méfiance, loin d'être particulière à certaines catégories, comme la jeunesse, est générale. Le Québec paraît bien se conformer à la règle sur ce

point. A certains moments, le refus de l'autorité frise même
la désobéissance civile comme lorsque l'on passe outre à
l'injonction légale comme ce fut le cas lors de la grève des
médecins spécialistes en 1970 et de la grève du Front commun ouvrier en 1972, cette dernière grève aboutissant à la
condamnation à un an de prison des trois chefs syndicaux,
Marcel Pépin, Louis Laberge et Yvon Charbonneau. Et le
fait que ce nationalisme s'en prend durement aux autorités
en place dont il dénonce l'égoïsme et l'incurie me paraît
être l'une de ses principales sources d'attraction.

Semblable orientation est absente du Parti québécois.
Ce dernier se prononce en principe contre toute forme de
privilèges de classes acquis. Mais le jour où il deviendrait
parti gouvernemental, par le technocratisme qui lui est
inhérent, il remettrait sans doute l'exercice des divers pouvoirs entre les mains de spécialistes capables de les exercer
d'après les critères de la rationalité économique qui tend
à être la sienne.

Le précédent examen soulève deux questions d'ordre
général : la première se rapporte aux modalités propres à
permettre l'avènement du nationalisme socialiste ou du
nationalisme social-démocrate et soulève le problème capi-
tal du recours à la violence ; la seconde concerne les
raccords entre l'indépendantisme et le socialisme et pose
notamment le problème de la priorité logique et temporelle
de l'un ou de l'autre.

Si l'on estime que l'ordre socio-politique qu'on préconise est qualitativement supérieur à celui qui est en place,
on doit nécessairement se donner pour objectif de sup-
planter ce dernier. Mais s'il s'avère difficile, voire virtuellement impossible d'y parvenir par les modes d'action que
permet la démocratie libérale — actuellement officiellement accréditée — doit-on surseoir ou même renoncer à
son objectif ou, au contraire, le poursuivre coûte que coûte

quels que soient les voies d'action qu'il faille emprunter, et même recourir au terrorisme s'il le faut ?

On peut envisager le recours à la violence comme une question d'ordre simplement tactique ou encore d'ordre moral. Les nationalistes sociaux-démocrates tendent à l'envisager d'abord sous ce dernier angle, les aspects d'ordre tactique venant en second lieu ; la majorité des nationalistes socialistes abordent cette question en inversant les ordres de priorité.

Le Front de libération du Québec a manifesté au grand jour les possibilités révolutionnaires du Québec. Dès qu'éclatent les premières bombes à Montréal, au printemps de 1963, jusqu'à l'enlèvement du diplomate James Cross et à l'enlèvement et à l'assassinat du ministre Pierre Laporte en octobre 1970 — pendant plus de sept ans par conséquent — le terrorisme fait partie de la vie quotidienne des Québécois et quoiqu'il arrive dans l'avenir, il ne sera pas possible désormais de le radier de la mémoire collective de ce peuple. Malcolm Reid [8] et Marc Laurendeau [9], entre autres, ont mis à nu les racines de la violence politique au Québec et étudié la carrière peu glorieuse du F.L.Q.

C'est dans *Parti pris* que la doctrine de la violence et ses conditions d'application au Québec ont été le plus scrutées. La revue elle-même a donné naissance au Mouvement de libération populaire, précurseur immédiat du F.L.Q. Le M.L.P. ne parvint cependant pas à mettre en oeuvre les modes d'action violents qu'il préconisait, en raison de sa courte durée. *Parti pris* exerça une influence

---

8. REID, Malcolm, *The Shouting Signpainters*. A Literary and Political Account of Quebec Revolutionary Nationalism, McClelland and Stewart, Toronto, 1972.
9. LAURENDEAU, Marc, *Les Québécois violents. Une étude sur les causes et la rentabilité de la violence d'inspiration politique au Québec*, Boréal Express, Montréal, 1974.

incontestable dans l'élaboration de la nouvelle historiographie qui dans les années '60 substitue l'insurrectionniste Chénier au colon-soldat Dollard des Ormeaux comme héros national (historiographie qui va finalement s'imposer quand la Société Saint-Jean-Baptiste de Montréal la consacrera). Dans *Parti pris*, cependant, le débat tourne toujours autour des positions marxistes-léninistes concernant la violence de même que des conditions d'application de la violence au Québec en tant qu'arme tactique au service de la classe laborieuse.

Ce sont les événements d'octobre '70 et la sévère répression qu'ils entraînèrent (rappel de la loi sur les mesures de guerre, arrestations de plusieurs centaines d'individus, « occupation » du Québec par l'armée canadienne, réduction permanente des libertés civiles) qui vont provoquer la clôture de ces débats, du moins pour le moment. [10] Dans une série d'articles au *Devoir*, l'ex-felquiste Pierre Vallières fait volte-face et affirme que le Québec n'est pas dans une situation révolutionnaire et que, par conséquent, le recours à la violence ne fait que nuire à la cause du nationalisme socialiste en attirant sur lui les foudres du pouvoir en place, pouvoir d'ailleurs que les velléités de terrorisme ne feront que consolider. Vallières conclut que la voie légale est la seule possible dans les circonstances actuelles et il recommande aux éléments indépendantistes et socialistes de se joindre au Parti québécois, même si, de son propre aveu, ce dernier est loin d'être l'instrument d'action idéal. L'analyse de Vallières ne fait pas l'unanimité, Charles Gagnon, l'ancien compagnon d'armes de Vallières, pour un, la refuse en bloc. Il semble également que la majorité des socialistes aient refusé de joindre les rangs du Parti québécois. En ce qui concerne la question

---

10. Pour une étude descriptive des événements d'octobre '70, voir : TRAIT, Jean-Claude, *F.L.Q. 70 : Offensive d'automne*, les éditions de l'Homme, Montréal, 1970.

de la violence, il apparaît qu'aujourd'hui, la majorité des nationalistes socialistes sont d'avis que, même si, dans la perspective révolutionnaire, la situation politique au Québec s'est objectivement dégradée depuis 1970, le terrorisme susciterait encore moins de sympathie parmi les Québécois qu'en 1970.

Le Parti québécois, quant à lui, a depuis les débuts tiré la conclusion que les Québécois ne sont pas un peuple violent et que la seule façon de permettre le succès du nationalisme social-démocrate consiste dans le recours à des modes d'action intégratifs ou légaux plutôt que divisifs ou subversifs. Il cherche à se donner une organisation partisane la plus forte possible, à jouer au plus fin dans le chassé-croisé des stratégies électorales, à mener des luttes parlementaires percutantes, à recourir à toute la gamme des manifestations publiques légales, à mobiliser les masses, à seconder la lutte des fronts communs à même tendance idéologique contre le parti au pouvoir, à attirer les intellectuels, etc. Parce qu'il a toujours estimé que le jour où il donnerait l'impression de flirter le moindrement avec les éléments terroristes c'en serait fini de lui comme force électorale, le Parti québécois accepte même de s'aliéner des sympathies certaines mais tenues, dans les circonstances, comme des apports douteux. Malgré tous ces efforts pour se donner une image de respectabilité, il n'a toutefois pas manqué d'adversaires, chaque fois que l'occasion s'est présentée, notamment lors des événements d'octobre '70, pour dénoncer le Parti québécois comme allié ou front des mouvements terroristes.

L'analyse des arguments du nationalisme socialiste et du nationalisme social-démocrate soulève une autre question d'ordre général, celle-là reliée à la nature du rapport qu'il convient d'établir entre indépendantisme et socialisme.

Le nationalisme a toujours posé au socialisme théorique un difficile problème. Cependant que les exégètes du marxisme et du léninisme ergotaient encore sur les positions des maîtres à l'égard de la question nationale, peuple après peuple, durant les années qui suivirent la deuxième guerre mondiale, soudèrent à leur façon la doctrine et la pratique dans une longue suite de révolutions victorieuses au nom du nationalisme et du socialisme. C'est précisément l'absence de semblable victoire qui est responsable du fait, qu'au Québec, il n'existe pas d'accord sur la bonne façon de relier nationalisme et socialisme.

Si tous les porte-parole de ces tendances diverses s'entendent pour souhaiter l'avènement d'un Québec indépendant et socialiste ou social-démocrate, tous ne prêtent pas le même sens à ces deux objectifs et ne militent pas en faveur de l'un et de l'autre avec une ardeur égale.

L'indépendance doit-elle se faire d'un seul coup ou peut-on concevoir qu'elle s'effectue par étapes ? Doit-elle être absolue ou peut-on accepter qu'elle soit relative ou même qu'elle aboutisse à la négociation d'une entente avec le Canada anglais qui octroyerait au Québec un statut particulier au sein d'une Confédération canadienne nouvelle ?

De même, le seul socialisme pour lequel il vaille la peine de lutter doit-il être le marxisme-léninisme « pur » ou peut-on se satisfaire d'une simple social-démocratie à la scandinave ?

Et s'il faut mettre en sourdine l'un des objectifs pour assurer la réalisation de l'autre, doit-on sacrifier l'indépendance ou plutôt le socialisme ?

Ces interrogations font l'objet de débats souvent acrimonieux entre les diverses tendances du nationalisme socialiste et du nationalisme social-démocrate depuis la résur-

gence du séparatisme et du socialisme à la fin des années
'50. Querelles, scissions, ententes tactiques rompues ou
avortées, ces débats donnent souvent l'impression de mettre
en présence des étrangers plutôt que des frères ennemis.

La tension inhérente à toute tentative de jonction du
nationalisme et du socialisme en ce qui concerne la nature
même de la communauté nationale se manifeste avec force
au Québec. Le nationalisme vise à l'intégration de toute
la communauté nationale quelles que soient par ailleurs les
divergences dans les positions et les conceptions socio-
économiques des « nationaux » ; le socialisme, pour sa part,
privilégie les considérations socio-économiques, certaines
classes, notamment la bourgeoisie capitaliste, pouvant
même être considérée comme « anti-nationale » et de ce
fait indigne d'être incorporée à la nouvelle nation à moins
de renoncer à ses privilèges de classe et d'accepter de
mettre ses talents, comme elle le fit d'ailleurs bon gré mal
gré en Russie, en Chine et en Afrique, au service de la
révolution du peuple. Comment dans les conditions propres
au Québec résoudre cette tension entre les tendances
« unanimistes » propres au nationalisme et l'exacerbation
de la lutte des classes que poursuivent certaines formes
de socialisme ?

Le Parti québécois entend être le lieu d'intégration des
diverses tendances « plus à gauche » mais entre la social-
démocratie qu'il professe et le socialisme marxiste-léniniste
aucun rapprochement ne paraît possible, du moins sur le
plan idéologique. Le Parti québécois est donc loin d'être
parvenu à résoudre les difficultés que pose la fusion du
nationalisme et du socialisme. Il cherche à réaliser une
unanimité au moins tactique mais il parvient mal à pola-
riser les divers groupes dont les uns mettent l'accent sur
la « politique », d'autres, sur le « culturel » et d'autres,
enfin, sur l' « économique ». Dans son effort pour trouver

un commun dénominateur entre les diverses tendances, le
Parti québécois s'aliène un nombre indéterminé de collectivités et d'individus, parce qu'on le considère tantôt
comme insuffisamment indépendantiste et tantôt comme
insuffisamment socialiste.

Guy Rocher se demande si « le nécessaire socialisme
sera possible ». Il écrit fort pertinemment : « L'espoir de
l'indépendance politique polarise beaucoup d'énergie...
Advenant l'indépendance prochaine du Québec, l'absence
d'une pensée politique de gauche et d'un mouvement
socialiste se fera cruellement sentir... Le second but à
poursuivre, celui du socialisme québécois, est plus difficile
à présenter et à défendre, parce qu'il est moins populaire,
qu'il rencontre plus de résistance profonde dans la mentalité québécoise, sauf dans certains cercles restreints et sans
doute aussi parce qu'il représente une rupture assez radicale avec le passé, ancien et récent, du Québec » [11]. Mais
nulle part dans son essai, Guy Rocher ne précise la nature
du socialisme qu'il voudrait voir s'affirmer au Québec.
Accorde-t-il sa préférence au socialisme d'« ici » que préconise Fernand Dumont, socialisme qui effectuerait une
redigestion des anciennes solidarités de la société traditionnelle canadienne-française conformément aux conditions
d'aujourd'hui, au trotskisme, au marxisme-léninisme ou
encore à la social-démocratie ? Déjà ce simple éventail
des choix indique l'ampleur du problème qu'il soulève.

Ramzay Cook [12] le perçoit très bien : cette tension ne
peut se résoudre que par la force d'un Etat déjà existant
ou tout au moins d'un parti à vocation de pouvoir. Cet
Etat n'existe pas encore mais ce parti, lui, existe depuis
six ans. Il ne peut être que le Parti québécois. Les modalités de son succès, les compromis qu'il devra faire pour

11. ROCHER, Guy, *Le Québec en mutation*, HMH, Montréal, 1973, 56.
12. COOK, Ramzay, *Canada and the French Canadian Question*, op. cit.

l'obtenir recèlent pour l'instant le secret du caractère pré-
cis de la fusion qui s'effectuera à la fin entre le nationalisme et le socialisme au Québec. D'ores et déjà on peut
prévoir qu'il s'agira d'une social-démocratie à forte saveur
libérale.

### 3. Le nationalisme social-démocrate, le nationalisme socialiste et la politique

La dimension politique du nationalisme social-démocrate et du nationalisme socialiste sous ses diverses tendances est encore plus manifeste que dans le cas du nationalisme conservatiste et dans celui du nationalisme libéral.
Cette dimension se révèle sous un angle particulièrement
aigu quand on la considère du point de vue des demandes
adressées et du soutien apporté au système politique. Ici
encore, il importe de distinguer le nationalisme socialiste
du nationalisme social-démocrate.

Le nationalisme socialiste ne formule aucune demande
au système politique en place ou, plutôt, il n'en exprime
qu'une seule : celle, pour ce système politique, de se sabor-
der comme communauté politique (certains mouvements
marxistes-léninistes ne sont toutefois pas indépendantistes
et accepteraient volontiers de faire alliance avec des groupements anglophones de même tendance dans le cadre
d'une confédération canadienne), de se transformer radicalement comme régime et de démettre les autorités politiques en fonction. Et comme les porte-parole de ce nationalisme savent très bien qu'il est invraisemblable que le
système politique en place consente de son plein gré à
pareille « demande », ils formulent dès lors le projet d'un
système politique de remplacement qui, lui, correspondrait
à leurs attentes politiques, culturelles et économiques.

Dans le cas du nationalisme social-démocrate tel que le préconise le Parti québécois, la nature des demandes est beaucoup moins claire. En ce qui concerne la communauté politique, à moins que le Parti québécois ne renonce à l'essentiel de son programme, on doit convenir qu'il préconise son éclatement et l'établissement éventuel d'un Québec politiquement indépendant. Mais à lire les manifestes et le programme de ce parti, à suivre les débats durant la campagne électorale d'octobre 1973 et les discussions en cours, il ressort nettement que l'ampleur, les modalités, les étapes même de cette indépendance sont loin d'être déterminées avec précision. (Certains schèmes proposés — le dernier en date est le document de Claude Morin sur les modalités de l'accession à la souveraineté politique à la suite d'une victoire électorale du Parti québécois — laissent supposer que des stratèges du Parti québécois font bien peu de cas de l' « urgence de choisir » et qu'ils misent beaucoup sur la bonne volonté et la patience du gouvernement fédéral et du Canada anglais ! ).

De même en ce qui concerne le régime politique, il est difficile d'évaluer jusqu'à quel point le Parti québécois saborderait le néo-libéralisme en vigueur le jour où il serait en mesure de mettre en oeuvre sa version de la social-démocratie. On a l'impression que ce parti, une fois au pouvoir, continuerait dans la lancée du *Welfare State* des belles années de la « Révolution tranquille », surtout s'il reste soumis à l'influence du chef du Parti québécois depuis sa formation, René Lévesque, à l'époque ministre influent du gouvernement Lesage, plutôt qu'il ne se lancerait dans des expériences de caractères rigoureusement socialiste ou même simplement travailliste. Le programme du parti de même que les intentions exprimées par ses dirigeants font montre de beaucoup de prudence en ce qui concerne l'ampleur des réformes envisagées au niveau du régime politique. Tout se passe comme si on estimait que les Québécois acceptent beaucoup mieux l'idée de changements au niveau de la communauté politique qu'au niveau du régime.

Enfin, le triomphe de la social-démocratie sous l'égide du Parti québécois entraînerait certes un changement des dirigeants politiques comme c'est le cas chaque fois qu'un parti politique supplante le parti au pouvoir, mais il ne semble pas qu'il s'ensuivrait une importante circulation des élites. Les candidats du Parti québécois lors des dernières élections provinciales se rapprochaient beaucoup plus, dans leurs caractéristiques personnelles et socio-économiques, des candidats du Parti libéral que lors des élections de 1970 et il est probable qu'à moins d'une ré-orientation toujours possible dans la ligne du parti, ces ressemblances seront encore plus marquées lors des prochaines élections. De même, l'adhésion aux institutions et règles de la démocratie en vigueur, l'adoption d'une rationalité économique par les cadres dirigeants du parti ainsi que l'orientation technocratique manifeste de ce parti laissent présager que la social-démocratie du Parti québécois pourrait être mise en vigueur sans entraîner de changement notable dans les caractéristiques du personnel politique, qu'il s'agisse des députés, des fonctionnaires, des ministres ou des juges, actuellement en place.

Si l'érosion du soutien positif global à l'endroit du système politique que le nationalisme social-démocrate du Parti québécois implique apparaît bien moindre que dans le cas du nationalisme socialiste, surtout en ce qui a trait au régime et aux autorités, il se révèle néanmoins qu'elle est importante. Cette érosion se traduit par un « manque » de support qui affecte certainement la capacité de mobilisation des énergies et des ressources et, plus généralement, le fonctionnement du système politique canadien. D'une part, en effet, les autorités politiques se trouvent forcées de compenser les défections dues, notamment parmi les intellectuels, à ce nationalisme par une dépense d'énergie supplémentaire : efforts de neutraliser la pénétration de ce nationalisme par une contre-propagande « pan-canadienne » de tous les instants ; « surveillance » des activités séparatistes et socialistes ; raidissement face aux revendications des diverses régions du pays, afin d'obvier aux effets de contagion possible du séparatisme québécois ; répression des velléités d'opposition radicale, etc. Les autorités politiques pourraient éventuellement être incitées, comme elles le furent effectivement en octobre 1970, à mettre en sourdine ou même à abolir le régime libéral pour sauver la communauté politique canadienne telle que présentement constituée de même que pour maintenir les autorités politiques en selle.

Le refus partiel ou entier de support de la part du nationalisme social-démocrate et du nationalisme socialiste au système politique canadien n'affecte pas seulement le gouvernement fédéral ; il atteint, bien entendu, le gouvernement du Québec. On observe une orientation significative parmi la plupart des collectivités québécoises : depuis les organisations patronales, en passant par l'Assemblée des évêques du Québec et le Mouvement national des Québécois, jusqu'aux syndicats ouvriers et les groupes populaires — toutes les collectivités majeures du Québec se replient de plus en plus sur le gouvernement du Québec et, tout en adoptant dans certains cas des positions farouchement fédéralistes, prennent le Québec comme virtuellement le seul système politique de référence concret. Toutefois, tandis que certaines collectivités, tel le Conseil du patronat et l'Assemblée des évêques du Québec, prennent pour acquis le cadre politique actuel du Canada, d'autres le mettent en question et d'autres encore le refusent.

Non seulement l'opposition du nationalisme social-démocrate et du nationalisme socialiste au système politique en place s'adresse autant au gouvernement provincial qu'au gouvernement fédéral mais encore il se peut fort bien, comme l'ont déjà indiqué les événements d'octobre '70, que ce soit le premier et non le dernier qui constitue le plus faible maillon de la chaîne. Par ailleurs, si le Parti québécois accepte que ses élus siègent comme députés à l'Assemblée nationale, il ne s'ensuit pas nécessairement que ce parti soit en train d'être « récupéré » par le système en place : pareil comportement intégratif obéit à des considérations d'ordre tactique. Le Parti québécois adhère d'ailleurs aux règles de la démocratie. Il espère qu'il lui sera possible de prendre un jour le pouvoir en suivant les procédures en vigueur. Dès lors, il lui serait loisible de briser le présent système politique sans enfreindre aux critères reconnus de légitimité, ce qui faciliterait l'établissement d'un Etat du Québec indépendant chez un peuple respectueux de l'autorité et de l'ordre établi. Comme parti d'opposition reconnu et comme parti de gouvernement possible, le Parti québécois se trouve constituer une collectivité organique conditionnelle ; organique, en ce sens que le système en place le reconnaît officiellement et conditionnelle, puisqu'il n'agit dans le système que parce qu'il espère ainsi obtenir, éventuellement, la possibilité de le dissoudre légitimement. D'autres collectivités, dont le Front de libération québécois représente un exemple, vont beaucoup plus loin dans leurs orientations négatives vis-à-vis du système politique puisqu'elles sont non-organiques inconditionnelles, c'est-à-dire qu'elles ne sont pas reconnues officiellement par le système politique en place et qu'elles ne veulent en aucune manière traiter avec lui.

Mes exposés font ressortir le foisonnement du pluralisme qui sous-tend le nationalisme social-démocrate et le nationalisme socialiste. Les positions sont même parfois tellement divergentes d'une tendance à l'autre que si ce n'était de leur commune opposition tant aux nationalismes conservatistes, anciens et nouveaux, qu'aux orientations du nationalisme libéral sous le gouvernement de Robert Bourassa, ils devraient être considérés comme des mouvements sociaux opposés les uns aux autres. Seules les conditions de la lutte les oblige, ou les obligera à des compromis ou à des alliances tactiques. Par ailleurs, à peu près toutes les tendances, à l'exception du socialisme marxiste-léniniste, acceptent le Parti québécois comme cadre au moins provisoire de leur action. S'il en est ainsi, c'est que, pour plusieurs raisons tenant à la personnalité de son chef, René Lévesque (personnalité toujours empreinte de respectabilité et de charisme bien que l'usure du temps fasse lentement son oeuvre), à son succès dans l'opération de dosage idéologique de l'indépendantisme et du socialisme à laquelle il s'est livré depuis sa fondation et qui s'est concrétisé dans le Manifeste « Quand nous serons vraiment chez nous », de même qu'aux modes d'action parfaitement intégratifs qu'il a adoptés, le Parti québécois représente actuellement la seule formation politique susceptible de rallier à la cause du nationalisme social-démocrate, en plus des éléments progressistes forcément minoritaires, une partie substantielle de la masse de la population québécoise, c'est-à-dire de la fameuse « majorité silencieuse », ultime support du gouvernement au pouvoir.

Sans aucun doute, intellectuels et groupements « de gauche » éprouvent beaucoup de gêne vis-à-vis du Parti québécois. Ils lui reprochent de sacrifier la doctrine au profit de l'efficacité électorale. Les stratèges du Parti québécois, pour leur part, leur répondent qu'à moins de consentir à se retrouver de nouveau seuls dans le splendide isolement d'une pureté doctrinale intacte mais impuissante à engendrer une praxis adaptée aux conditions du Québec, ils devront eux aussi seconder, au moins pour un temps, les efforts du Parti québécois. Les stratèges du Parti québécois affirment aussi que ce parti représente la seule formation qui puisse actuellement rejoindre les jeunes, les travailleurs syndiqués et les multiples comités de citoyens qui se retrouvent de moins en moins dans le gouvernement de Robert Bourassa et qui, même, comme dans le cas des syndicats ouvriers, sont en lutte ouverte contre ce gouvernement. Ils espèrent que les intellectuels « de gauche » québécois apprendront assez tôt qu'ils doivent choisir entre avoir pleinement raison « sur papier », quitte à risquer la « marginalisation » et accepter de « mettre de l'eau dans leur vin » pour apporter leur pleine contribution à l'édification d'un nouveau régime. Le combat pour la langue française, l'essor culturel, la maîtrise de l'économie, le redressement politique, toutes ces tâches, estiment-ils, vont exiger un solide front commun de toutes les forces d'opposition « plus à gauche », surtout s'il s'impose en même temps de remplacer la communauté politique et de réformer le régime et cela même contre la résistance, qui sans aucun doute sera acharnée, des autorités politiques et des autres dirigeants dans toutes les sphères d'activité au Québec, au Canada et même aux Etats-Unis.

## 4. *Les fonctions politiques du nationalisme social-démocrate et du nationalisme socialiste*

Les nationalismes conservatistes, anciens et nouveaux, s'ancrent dans un état pré-industriel de société ; le nationalisme libéral correspond à la société industrielle qu'il sanctionne et soutient. Quant au nationalisme social-démocrate et au nationalisme socialiste, du moins sous leur aspect social, il me semble que c'est par rapport à la société post-industrielle qu'ils devraient se concevoir. Alain Touraine [13], Daniel Bell [14] et d'autres l'ont montré ; la société post-industrielle, c'est bien plus que le simple passage d'une économie manufacturière à une économie de service ; c'est en même temps et surtout l'avènement d'une nouvelle culture centrée sur la qualité de la vie plutôt que sur la croissance économique.

Si, ni le nationalisme social-démocrate ni le nationalisme socialiste ne doivent être le levain d'une synthèse supérieure de la culture, de l'économie et de la politique conformément aux exigences d'un monde assoiffé de valeurs, il ne vaut guère la peine de se dépenser pour promouvoir leur cause.

Il s'impose que ces nationalismes, pour reprendre la belle expression de Guy Rocher, « renversent les perspectives en faveur de l'homme » [15] et qu'ils osent enfin franchir les seuils douloureux qui ouvrent sur l'autodétermination personnelle et collective, cette grande utopie du monde contemporain dont j'ai ailleurs esquissé les contours. [16] Dans une société autodéterministe, la participation de tous à toutes les activités qui engagent la vie personnelle et collective cessera d'être un simple slogan électoral pour s'incruster profondément dans les structures et pour s'affirmer comme une donnée permanente des moeurs politiques.

Il paraît difficile de mettre en question l'idéologie sociale du nationalisme social-démocrate et surtout celle du nationalisme socialiste encore que les termes « social-

---

13. TOURAINE, Alain, *La société post-industrielle*, Denoël, Paris, 1969.
14. BELL, Daniel, *The Coming of Post-industrial Society. A Venture in Social Forecasting*, Basic Books, New York, 1973.
15. ROCHER, Guy, *Le Québec en mutation*, op. cit.
16. DION, Léon, « Vers une conscience autodéterministe », Revue de l'Association canadienne d'éducation de langue française, vol. 1, no 1, 1971, 4-11. Reproduit dans *La prochaine révolution*, op. cit. 260-274.

démocratie » et « socialisme », forgés pour exprimer l'expérience du dix-neuxième siècle, soient peut-être impropres à rendre compte des conditions d'aujourd'hui. Quant à leur idéologie nationale, l'indépendantisme, elle fait davantage problème. Dans un contexte d'interdépendance planétaire obligée, l'ère des souverainetés nationales se trouve-t-elle révolue, comme plusieurs veulent le faire croire ? L'indépendantisme québécois serait-il en soi rétrograde ? S'inscrirait-il à rebours de l'histoire ?

« Interdépendance » et « souveraineté », termes aujourd'hui très à la mode, termes qui correspondent à d'incontestables et durables réalités mais qui, en devenant des leitmotivs, risquent de masquer des phénomènes fort indésirables. Pour exprimer crûment le fond de ma pensée, je dis de ces termes ce qu'on a souvent répété à propos de l'égalité. Dans le grand jeu, de l'interdépendance et de la souveraineté, certains sont plus interdépendants et plus souverains que d'autres.

Il est remarquable en effet que ce sont en général les peuples puissants qui parlent le plus d'interdépendance tandis que les petits peuples se rabattent sur la souveraineté. Quelle commune mesure existe-t-il entre le gouvernement des Etats-Unis, qui dispose d'un budget annuel de plus de quatre cents milliards de dollars, et celui de Haïti, dont le revenu est bien moindre que celui d'entreprises étrangères ayant des établissements dans ce pays ? Si le Président John Kennedy a pu restreindre les appétits des magnats américains de l'acier, c'est qu'il disposait des moyens pour y parvenir ; les Présidents Duvalier, père et fils, pourtant dictateurs en leur pays, s'inclinent obséquieusement devant les investisseurs étrangers parce que ces derniers représentent la « mangeoire » qui leur procure leur pain quotidien. Quand, donc, les Etats-Unis parlent de l'interdépendance des peuples, cela en pratique veut dire la revendication de leur droit de pratiquer une politique d'impérialisme économique, donc également d'impérialisme politique et culturel à l'égard des peuples plus petits. Quant à ceux-ci, s'ils osaient seulement scruter la réalité qui se cache derrière les mots, ils réaliseraient vite que, replacé dans son contexte socio-politique, le terme d'interdépendance veut dire dans leur cas : soumission à l'impérialisme des plus puissants, et que celui de souveraineté se réduit en fin de compte à de vains symbolismes.

Les arguments d'ordinaire mis de l'avant à l'appui de la thèse de l'interdépendance des peuples sont loin de me convaincre.

Considérons le plus souvent cité de semblables arguments, celui de l'effet intégrateur de la technologie. Du fait que l'impact du développement technologique se propage selon des modalités à peu près semblables, tout au moins quand on les considère sous leur aspect externe, on conclut à l'émergence d'une super-culture planétaire qui, selon certains, serait en train d'anéantir les cultures nationales particulières. Spéculant avec son audace coutumière sur ces tendances problématiques, Edgar Morin va jusqu'à parler d'une « anthropolitique » ou d'une « anthropocosmopolitique » mondiale fondée sur la première « conscience collective d'espèce qu'ait connue l'humanité ». Il ne fait nul doute que, sous l'impact de la science, de la technologie et de l'innovation, les modes de vie des peuples deviennent de plus en plus comparables. On ne saurait toutefois conclure de ces seules similitudes à l'émergence d'une super-culture planétaire englobant ou supprimant les cultures, les régimes politiques et les économies particulières. D'autres influences, émanant de la culture, de la politique et de l'économie peuvent contrarier et contrarient effectivement, semble-t-il, les indéniables facteurs de convergence. On dispose aujourd'hui de plusieurs dizaines d'indicateurs sociaux permettant d'établir des comparaisons entre plus de cent pays différents. Or, on constate que des pays, proches les uns des autres sur la foi de plusieurs de ces indicateurs, comportent des systèmes culturels, politiques et économiques radicalement différents. L'impact de facteurs exogènes à la technologie apparaît également dans le fait que ces pays qui sont sensiblement voisins les uns des autres en ce qui concerne certains indices quantitatifs se trouvent par contre très distants par rapport à des indices impliquant des choix d'ordre qualitatif ou culturel. Ainsi le Japon et l'Espagne ont sensiblement le même revenu national brut *per capita* mais l'Espagne dispose de près de trois fois moins de lits d'hôpitaux par habitant que le Japon.

Ces similitudes et ces différences entre civilisations et peuples laissent planer un élément de mystère. Plus la préhistoire nous livre les secrets des antiques civilisations et plus les similitudes entre leurs réalisations nous frappent et nous étonnent. Et pourtant les hommes de ces civilisations si distantes dans le temps et l'espace ne peuvent pas être entrés en contact, à moins qu'ils n'aient communiqué entre eux par des moyens que nous ignorons. Or ces similitudes ne portent pas sur des aspects insignifiants mais sur des productions d'une complexité qui souvent dépasse notre entendement, à nous qui prétendons disposer d'une somme de connaissances jusqu'ici inégalée. La momification n'appartient pas seulement à l'Ancienne Egypte mais également aux Aztèques. Les menhirs bretons qui sont fameux à juste titre n'ont rien de spécifiquement breton puisqu'on les retrouve souvent plus nombreux et plus imposants encore au Dekkan, au Pendjab, au Pakistan, au Ceylan et en Corée.

La technologie ne rend compte qu'en partie des réalisations de l'homme. La curiosité et l'ingéniosité de l'esprit humain sont insondables. Les hommes de tous les temps ont toujours préféré la santé à la maladie, l'abondance à la disette, la virilité à l'impuissance, la vie à la mort. Et c'est pour donner une forme valable pour eux-mêmes et, dans leur esprit, pour toutes les générations à venir, à ces préférences élémentaires qu'ils ont fondé les religions et qu'ils se sont adonnés à l'astrologie, aux mathématiques, à la physique, à la chimie et ainsi de suite.

Si dans le cas des civilisations passées ce sont les similitudes qui surprennent, il convient aujourd'hui, dans un monde prétendument voué à l'homogénéisation, de mettre l'accent sur les différences encore fondamentales et persistantes entre peuples qui se côtoient chaque jour et qui, grâce aux tentacules planétaires d'une commune technologie, s'échangent valeurs, biens et services de toute nature.

Il est un second argument, dérivé d'ailleurs de la théorie de l'effet intégrateur de la technologie, sur lequel s'appuient les protagonistes de l'interdépendance obligée des peuples. Cet argument concerne les conséquences homogénéisantes de l'acquisition des modes de vie modernes. Qu'il s'agisse de l'ordre culturel, économique ou politique, tous les peuples qui s'engagent dans les voies de la modernité récoltent en définitive les mêmes fruits, parfois exquis et parfois amers. Ce processus d'homogénéisation du monde sous l'effet de la modernité me paraît évident. Et pourtant, ici encore, il me semble qu'on tire de ces tendances indiscutables des conclusions abusives. S'il est vrai que les problèmes qui confrontent aujourd'hui les peuples sont très fréquemment communs à tous, il n'en reste pas moins qu'il appartient à chaque société particulière, d'une part, de contribuer à l'oeuvre commune de recherche de solutions valables à l'échelle internationale et, d'autre part, d'inventer ses propres solutions pour les aspects particuliers que revêtent chez elles ces problèmes communs de même que de s'attacher à l'examen des problèmes qui, même à notre époque d'intégration planétaire, lui sont propres.

Ce n'est pas seulement dans le but de faire contrepoids aux idées reçues que j'insiste de la sorte sur les similitudes en ce qui touche aux civilisations passées et sur les différences pour ce qui concerne le présent. C'est que je trouve qu'on tire d'une constatation juste — l'effet unificateur de la technologie — une conséquence erronée — l'homogénéisation des cultures et des peuples eux-mêmes. L'insistance sur les différences est d'ailleurs absolument requise. Sur quelle autre base en effet fonder l'idée de souveraineté, si ce n'est sur le fait de différences persistantes et jugées essentielles entre peuples que les liens de la technologie et des échanges économiques et culturels nouent de plus en plus solidement les uns aux autres ?

Nous débouchons sur une interrogation centrale : pourquoi donc, à l'heure du marché commun, la France et l'Allemagne restent-ils et entendent-ils rester des pays et des peuples distincts ? Pourquoi certaines différences fondamentales entre l'U.R.S.S., le Japon et les U.S.A. continuent-elles à s'accroître en dépit du fait qu'ils se donnent des technologies de plus en plus semblables ?

Pour rendre compte de ces ordres de phénomènes, je propose de scruter l'hypothèse suivante : si les effets intégrateurs de la technologie, des liens économiques et, de façon plus générale, de la modernité laissent subsister des différences essentielles entre les peuples, c'est que chaque société nationale possède en propre des recettes particulières pour effectuer la sythèse ou la symbiose de la culture, de la politique et de l'économie. [17]

Le Premier Ministre du Québec, Robert Bourassa, tient au sujet de l'interdépendance et de la souveraineté des propos ambigus. D'une part, pour lui, il est impensable que, dans le contexte nord-américain, le Québec puisse revendiquer une souveraineté politique réelle tant sont denses les réseaux d'interdépendance, comme la récente crise du pétrole l'a montré une fois de plus. Mais, en même temps, le Premier Ministre se fait le protagoniste d'une « souveraineté culturelle » qui ne peut revêtir de sens véritable que si le Québec devient beaucoup plus autonome sur les plans politique et économique qu'il ne le souhaite. Les indépendantistes, eux qui tout comme lui — en réalité beaucoup mieux que lui — visent à la souveraineté culturelle, estiment par ailleurs que celle-ci ne peut être obtenue que dans le contexte d'un Québec politiquement indépendant. La logique leur donne raison et, comme le montre ma longue digression à propos de l'interdépendance et de la souveraineté, il me semble impossible de tirer de l'histoire ou des tendances en cours des arguments qui leur donnent tort.

---

17. Tout à l'opposé de ce que proclament les protagonistes pressés de l'interdépendance croissante des peuples, il semble que depuis la fin de la deuxième guerre mondiale la volonté des peuples de s'en remettre aux Etats nationaux comme agents de satisfaction des besoins individuels et collectifs s'est raffermie. C'est ainsi que le volume des transactions commerciales internationales a diminué par rapport aux transactions intranationales. Les communications au niveau des dirigeants se sont accrues régulièrement depuis la fin de la deuxième guerre mondiale, mais on ne constate aucune diminution du nationalisme parmi les membres des Etats nationaux. Tout porte donc à conclure que loin d'être anachronique dans le monde contemporain, le nationalisme demeure au contraire une réalité bien vivante. Voir : DEUTSCH, Karl W., and others, *France, Germany and the Western Alliance*, New York, 1967, et ROSECRANCE, Richard, STEIN, Arthur, « Interdependence : Myth or Reality », *World Politics*, 1973, 1-27.

Sous l'un et l'autre de ces deux aspects idéologiques, l'aspect social et l'aspect national, le nationalisme social-démocrate et le nationalisme socialiste me paraissent donc susceptibles de produire une définition convenable de la situation présente des Québécois. Ils me semblent pouvoir conduire enfin à terme la longue recherche d'une identité collective qui se poursuit encore aujourd'hui avec tant de fièvre sinon de lucidité, comme le témoigne le recours au « joual » par la jeunesse instruite qui adopte ce langage, que le frère Un tel avait voulu stigmatiser une fois pour toutes, en l'utilisant comme symbole d'identification collective et instrument de communication entre individus de même culture. [18] Ici encore c'est le Parti québécois qui, de tous les mouvements socialistes ou sociaux-démocrates actuels, est celui qui paraît appelé à être l'accoucheur de cette nouvelle culture adaptée aux conditions de la société post-industrielle, dominée par la recherche scientifique, le besoin de sécurité personnelle et collective, les ordinateurs, l'électronique et les redoutables dangers reliés à la pollution, la congestion urbaine, l'épuisement des ressources naturelles, le règne des super-bureaucraties, etc., dans laquelle le Québec s'engage à grands pas dans des conditions qui lui sont particulières.

Mais le Parti québécois ne pourra remplir la difficile mission politique que nombre de ceux qui le supportent lui confient que si, lui-même, réussit à devenir un parti populaire, démocratique au sommet et à la base, et s'il parvient à surmonter la tentation technocratique à laquelle il paraît bien près de succomber. S'il devait tomber dans la trappe technocratique qui le guette, il ne serait plus, au mieux, qu'un autre parti libéral et, au pire, qu'un parti « techno-démagogique » selon l'expression que j'ai suggérée dans *Société et politique : la vie des groupes*. L'accession

---

18. MARCEL, Jean, *Le joual de Troie*, Editions du Jour, Montréal, 1973.

du Parti québécois comme force politique significative au Québec ne représente pas la fin de la lutte pour la promotion nationale et sociale. Elle est toutefois un signal irrécusable, pour les protagonistes du nationalisme social-démocrate comme pour ceux du nationalisme socialiste, que le moment est venu de se réveiller et de passer à l'action. Si l'instrument ne convient pas à la mission qu'il lui incombe d'accomplir, il est grand temps de le réparer ou d'en forger un autre. [19]

---

19. Au sujet des choix qu'il incombe au Parti québécois de faire, voir : LAROCQUE, André, *Défis du Parti québécois*, Editions du Jour, Montréal, 1971. Cet ouvrage fait état de débats qui ont eu lieu il y a plus de trois ans au sein du Parti, débats toutefois qui se poursuivent toujours. Guy Joron a préfacé le livre de Larocque.

# *Hypothèses*
# *et conclusions*

Le nationalisme s'est trouvé associé à tant d'expériences monstrueuses au cours des cinquante dernières années qu'il en ressort apparemment discrédité. Mais ce discrédit n'atteint en réalité que les « vieilles » nations chez lesquelles, entre 1815 et 1945, la ferveur nationaliste acquit parfois le caractère d'un culte. Il épargne les « jeunes » nations qui se sont pleinement éveillées à elles-mêmes depuis 1945 et chez qui le nationalisme est actuellement en plein essor. D'ailleurs, la véritable question à poser en ce qui concerne le nationalisme n'est pas tant celle de sa vérité « objective » — une idéologie ne saurait en effet se jauger d'après ce critère qui ne peut convenir pleinement qu'aux théories scientifiques — que celle de son aptitude à rendre compte de la situation d'une collectivité, appelée peuple ou nation, de même qu'à donner figure politique aux espoirs et aux craintes des individus et des collectivités qui, ensemble et dans leurs multiples interactions, constituent une société politique

La nation peut être considérée comme une collectivité de collectivités. L'idée nationale surgit en effet des représentations que se font les membres d'une nation-état quand ils se perçoivent eux-mêmes et quand ils perçoivent les collectivités qui les encadrent comme constituant une totalité organique de finalités et d'action. C'est pourquoi l'examen de tout nationalisme, s'il est mené d'après la méthode systémique, conduit à déborder le palier culturel d'une société et à rejoindre, dans une grande opération symbiotique, l'économie et la politique. Tout nationalisme incorpore, en effet, deux schémas idéologiques différents mais indissolublement soudés l'un à l'autre : un schéma proprement national englobant les valeurs rattachées au « nous » collectif et un schéma social, incorporant les valeurs liées à l'organisation économique et politique de la collectivité. Ce double schéma change d'ailleurs avec le temps selon les fluctuations de la conjoncture, les mutations au sein des structures et l'évolution des mentalités.

Mon exposé visait à reconstituer les nationalismes québécois et non à forger un outil théorique. Même dans la forme embryonnaire sous laquelle il fut utilisé dans le présent essai, conformément aux stricts besoins de l'analyse, cet outil théorique, il me semble, s'est toutefois révélé d'une grande utilité en cours de route. Il serait tentant, en guise de conclusion, de développer mes remarques initiales à la lumière de ces acquis théoriques potentiels. Je renonce toutefois à cette première impulsion. Il me paraît en effet plus conforme aux objectifs que je m'étais fixés au début de dégager les hypothèses qui émergent de certains points majeurs soulevés en cours de route sans qu'il ait été alors possible d'en faire ressortir la portée sur le mouvement des nationalismes québécois. Un premier point concerne les rapports des nationalismes québécois avec la politique ; un second point porte sur les rôles respectifs assignés aux élites et à la masse dans l'expression des nationalismes québécois comme idéologies vécues ; un dernier point vise à évaluer l'importance des nationalismes québécois comme phénomènes politiques globaux.

## 1. Nationalismes et politique

L'hypothèse de l'apolitisme des nationalismes québécois tient, à mon avis, au recours à des critères qui, tous, tendent à restreindre la portée politique des nationalismes à l'examen de leur interaction avec le système politique en place, fédéral et provincial. Envisagée sous cette optique, les nationalismes québécois ne furent vraiment politiques que durant les courtes périodes de 1960 à 1965 et de 1966 à 1968. En effet, au cours de ces brèves années, il y eut adéquation entre les représentations nationalistes dominantes et le système politique en place. De 1965 à 1966 et de nouveau de 1969 à aujourd'hui les gouvernements continuent à adhérer officiellement au nationalisme libéral. Mais la dimension nationale s'estompe et le libéralisme se meut graduellement en un conservatisme nouveau genre, cette mutation constituant peut-être le développement le plus significatif qui s'effectue présentement sur la scène politique québécoise. Tout nationalisme, on l'a vu, est constitué de deux idéologies différentes mais intimement soudées : une idéologie nationale et une idéologie sociale. C'est précisément cette dualité et cette intime soudure idéologique qui rendent l'examen de l'interaction du nationalisme et de la politique si complexe en même temps que si instructif.

On distingue quatre modes d'expression du nationalisme québécois : un nationalisme conservatiste qui, dans la plupart de ses formes, se définit par l'acceptation mitigée de la communauté politique canadienne et par référence à un type pré-industriel de société procurant une forte teinte de corporatisme au régime politique souhaité ; un nationalisme libéral qui lui aussi adhère de façon mitigée à la communauté politique canadienne et qui, par contre, s'engage à fond dans le *Welfare State* et endosse sans réserve le projet de la société moderne, urbaine et industrielle ; un nationalisme social-démocrate qui, par son idéologie nationale, prône l'indépendantisme et, par conséquent, le rejet de la communauté politique canadienne et, par son idéologie sociale, vise à la promotion socio-économique de l'ensemble de la collectivité québécoise ; un nationalisme socialiste, enfin, qui, dans l'ensemble, poursuit le même projet national que le nationalisme social-démocrate et qui, dans le domaine social, notamment sous sa forme marxiste-léniniste, vise à une révolution radicale.

Il est difficile d'évaluer la portée partisane de ces divers nationalismes. Le nationalisme conservatiste traditionnaliste s'il a donné naissance à nombre de mouvements sociaux, n'a jamais eu de parti politique qui propageât convenablement ses idées. Sa réprobation des factions partisanes laissait peu de place aux nécessaires compromissions. C'est pourtant à juste titre qu'on associe ce nationalisme conservatiste avec les longs règnes d'Alexandre Taschereau et de Maurice Duplessis bien que les conceptions politiques de l'un et l'autre fussent pragmatiques plutôt qu'idéologiques et qu'ils adhéraient au laissez-faire alors en vigueur en Amérique du Nord. Taschereau comme Duplessis exploitèrent toutefois à leur avantage et en les déformant le plus souvent les thèmes de ce nationalisme conservatiste dont, plus particulièrement, l'autonomisme, le cléricalisme, l'agriculturisme et l'ethnocentrisme.

Le Bloc populaire de Maxime Raymond et d'André Laurendeau s'inspirait de l'idéologie nationale du nationalisme conservatiste mais contredisait son idéologie sociale puisqu'il contenait plusieurs éléments de social-démocratie. A l'inverse, le Parti créditiste canadien reste réfractaire à l'idéologie nationale du nationalisme conservatiste mais se fait le héraut de nombre d'articles du credo social de cette idéologie. Ce serait le Ralliement des créditistes québécois qui épouserait davantage les positions du nationalisme conservatiste, tant sur le plan national que sur le plan social, l'échec de Dupuis lors de l'élection provinciale de 1973 étant précisément dû à son incompréhension de cette condition. Toutefois, pour juger du rapport du Ralliement créditiste au nationalisme conservatiste, il faut retenir que l'idéologie de ce parti vise des clientèles spécifiques : classe moyenne inférieure urbaine et milieux ruraux. C'est donc dire que c'est avec les deuxième et troisième strates des fidèles du nationalisme conservatiste, celle des notables locaux et régionaux et celle de la masse, qu'il faut associer l'idéologie du Ralliement créditiste et non avec celles des intellectuels et de l'élite supérieure, qui sont les créateurs et les porte-parole officiels du nationalisme conservatiste traditionnaliste.

L'ordre secret de Jacques Cartier, créé aux environs de 1930 et dissous à la fin des années 1960, a longtemps constitué pour les élites supérieures un garant de l'orthodoxie nationaliste de même qu'un tremplin dont l'importance reste à établir pour atteindre aux positions d'influence et de prestige originellement au sein de la fonction publique fédérale et par la suite, semble-t-il, dans la plupart des champs d'activité au Québec même.

Quant au nationalisme libéral, il fait corps avec le gouvernement de Jean Lesage de 1960 à 1965 et avec celui de Daniel Johnson de 1966 à 1968. Sous ces gouvernements, s'effectue entre le nationalisme et la politique une symbiose communément appelée « Révolution tranquille ». C'est au cours de cette période que s'exprimèrent les formes les plus extrêmes des revendications nationales de la part de gouvernements québécois et que furent poursuivies avec le plus de ferveur les objectifs du néo-libéralisme, ceux du *Welfare State*. Cette symbiose du nationalisme libéral et de la politique s'effrite cependant au cours de la dernière année du gouvernement Lesage et sous Jean-Jacques Bertrand et Robert Bourassa elle tend même à se dissoudre. Sous ce dernier, la primauté accordée à l'économique provoque l'asphyxie de l'aspiration nationale, le slogan de la « souveraineté culturelle dans un fédéralisme rentable » étant vide de sens et les velléités d'autonomisme d'un Claude Castonguay en 1971-72 dans le domaine des Affaires sociales et d'un Jean-Paul l'Allier depuis deux ans dans celui des Communications étant vouées d'avance à l'échec. Bref, s'affublant de l'étiquette libérale, Robert Bourassa s'affaire à instaurer un nationalisme néo-conservatiste au Québec dont la notion de « souveraineté culturelle » et l'étrange notion de « marché commun canadien » représentent des slogans creux.

Le nationalisme social-démocrate, qui pour l'instant polarise également plusieurs formes de socialisme, pour sa part, possède un parti politique bien à lui : le Parti québécois. Il refuse et la communauté et le régime politique actuels et se définit de façon claire et précise par référence à un système politique de remplacement. Tant en tout cas que le Parti québécois (qui a remporté 30 pour cent des votes et plus de 40 pour cent des suffrages canadiens-français tout en ne parvenant à faire élire que six députés à l'Assemblée nationale sur 110 lors des élections provinciales d'octobre 1973) restera une force politique majeure au Québec, on peut présumer qu'il polarisera la grande majorité des multiples factions dans lesquelles s'éparpillent les protagonistes de ce nationalisme. On ne peut exclure la possibilité qu'il prenne un jour le pouvoir par des voies démocratiques, ce qui constituerait une révolution radicale puisque, en principe tout au moins, il s'ensuivrait l'éclatement du système politique canadien de même qu'une ré-orientation du régime libéral dont l'ampleur est difficile à prévoir.

Tenter d'apprécier la portée électorale des nationalismes québécois représenterait une tâche ardue. Comment savoir, par exemple, si ces nationalismes peuvent jamais suffire, par eux-mêmes, à assurer la victoire ou la défaite de l'un ou l'autre parti politique ? Les raisons qui motivent le vote sont d'ordinaire bien trop complexes : étiquette du parti, personnalité du chef, conjoncture, programme, tout cela déborde amplement la dimension idéologique. Ce qui frappe toutefois dans l'histoire politique canadienne, c'est l'abondance des slogans nationalistes. La symbolique du slogan : « Duplessis donne à sa province, les libéraux donnent aux étrangers » — slogan qui fut affiché partout et repris sous tous les angles imaginables lors de la campagne électorale provinciale de 1956 qui reporta Duplessis au pouvoir avec une majorité écrasante de sièges — rejoint nombre de thèmes propres au nationalisme conservatiste — culte du chef, ethnocentrisme, autonomisme — mais il serait excessif de conclure qu'il fut une raison suffisante de la victoire de l'Union nationale lors de cette élection. [1]

---

1. DION, Gérard, O'NEIL, Louis, « Lendemain d'élections » *Ad Usum Sacerdotum*, vol. 11, nos 9-10, 1956, 198-204, reproduit sous forme de pamphlet par la Ligue d'action civique, Montréal, 1956 ; QUINN, Herbert F., *The Union Nationale. A Study in Quebec Nationalism*, University of Toronto press, 1963, 131-151.

Par ailleurs, le thème de la « souveraineté culturelle dans
un fédéralisme rentable » de Robert Bourassa forgé en
décembre 1972 fut, pour toutes fins pratiques, mis au rancart durant la campagne électorale d'octobre 1973 parce
que les stratèges du parti estimaient que ce slogan était
susceptible d'entraîner le Québec sur les voies d'un autonomisme « positif » que Robert Bourassa n'entend pas
suivre. Dans des circonstances différentes, Daniel Johnson
mit une sourdine au slogan : « l'indépendance si nécessaire,
mais pas nécessairement l'indépendance » parce qu'il voyait
bien que le recours à cette formule pouvait conduire le
Québec sur la pente de l'indépendance politique, ce qu'il
jugeait prématuré ou irréalisable même si lui-même se
sentit parfois poussé dans cette voie.

Les slogans partisans cependant sont plus que de simples mots destinés à faciliter la mobilisation d'une clientèle
électorale. Ils révèlent la tonalité d'une culture politique,
ils représentent des ponts jetés entre les définisseurs de la
situation nationale et les hommes d'action à qui incombe
la tâche de trouver les symboles et les termes propres à
maintenir la communication entre la population et eux-
mêmes. Durant et en dehors des campagnes électorales,
afin d'assurer leur emprise sur la population et de faire
endosser leurs projets, les partis politiques, avec plus ou
moins de bonheur, vont puiser dans le stock des représentations nationalistes les justifications, preuves et enseignements qui leur conviennent. Qu'il s'agisse de l'Union
nationale jusqu'à 1960 et, d'une façon différente, du Parti
créditiste et du Ralliement créditiste vis-à-vis du nationalisme conservatiste, de l'aile québécoise du Parti libéral
fédéral et du Parti libéral du Québec ou de l'Union
nationale sous Daniel Johnson par rapport au nationalisme
libéral ou du Parti québécois en ce qui concerne le nationalisme social-démocrate, tous les partis politiques québécois

s'inspirent largement de l'une ou de l'autre forme de nationalisme dans leurs programmes, leurs slogans électoraux de même que dans la justification de leurs actions et décisions quand ils occupent le pouvoir.

Si le nationalisme, en tant que source de revendications particulières, affecte indubitablement la légitimité, la capacité de mobilisation des ressources et le fonctionnement concret du système politique, là cependant ne se borne pas sa contribution à l'activation ou, au contraire, au freinage du système politique. Il influe également sur la façon dont les membres du système politique se représentent ce dernier et, par conséquent, sur leur orientation à son endroit. Sous cet angle, on peut considérer les divers nationalismes québébois comme autant d'expressions idéologiques des efforts des Québécois pour s'ajuster de façon positive ou négative à la fois au cadre politique canadien et au contexte libéral et capitaliste nord-américain.

C'est ainsi que l'autonomisme représente une donnée constante de l'histoire politique du Québec. Il existe une continuité certaine entre le slogan d'Alexandre Taschereau et de Maurice Duplessis : « Qu'Ottawa nous redonne notre butin », celui du Parti libéral de Jean Lesage : « Maîtres chez nous » et celui du Parti québécois de René Lévesque : « Quand nous serons vraiment chez nous ». De même, à un tout autre plan, il y a continuité entre l'ancienne doctrine du » pacte confédératif » consacré par la Commission Tremblay sur la constitution en 1956, la théorie des « deux nations » des années '60 et l'idée de « souveraineté-association » de René Lévesque en 1968. Par contre, ce sont plutôt les contrastes qui marquent les positions officiellement tenues à l'endroit du régime socio-politique. Jusqu'en 1960, elles s'expriment par le rejet de l'industrialisation et de l'urbanisation et par l'acceptation du laissez-faire mais, depuis lors, elles se traduisent par une ferme adhésion au projet d'une société moderne et industrielle sous l'égide du *Welfare State*. Il importe de souligner toutefois que ce contraste entre deux orientations idéologiques au niveau du régime trahit, par les formes mêmes qu'il assume pour s'exprimer, en même temps que de profondes ruptures idéologiques, la continuité historique de la société québécoise.

La grande rupture survenue dans les nationalismes québécois concerne donc moins l'idéologie nationale, encore que l'indépendantisme ne constitue pas une simple forme extrême de l'autonomisme comme certains sont enclins à le croire en se fondant sur le seul cas, à certains égards ambigü, du Parti québécois, qu'il ne met en cause l'idéologie sociale. Qu'y a-t-il de commun entre l'invraisemblable amalgame du laissez-faire socio-politique autochtone assaisonné du corporatisme également autochtone des années '30 et '40 et la social-démocratie du Parti québécois qui accepte pleinement la modernité et le contexte nord-américain, pour ne pas parler des socialismes plus ou moins radicaux qui s'expriment dans des cercles « marginaux » dont bon nombre gravitent autour du Parti québécois ?

C'est surtout par leur action directe sur l'ordre des fins politiques — l'autorité, le changement et la participation — que les nationalismes influent sur le système politique. A ce point, il est bien entendu nécessaire d'avoir à l'esprit que le nationalisme, comme idéologie, représente à la fois un reflet des conditions telles qu'elles existent aux divers paliers de la réalité sociale — l'écologie, la démographie, la technologie, l'économie, la stratification sociale, la culture et la politique — et une structure *sui-generis* qui, en tant que telle, agit sur l'ensemble de la réalité sociale.

C'est ainsi que le nationalisme conservatiste qui véhicule un concept de l'autorité qui relève du droit divin reste réfractaire à tout changement qui dérange la tradition et n'accepte la participation des membres du système politique que dans la mesure où elle confirme la position dominante des élites dirigeantes. De son côté, le nationalisme libéral formule une conception du changement largement ouverte sur les promesses de la modernité et, en conséquence, accepte de mettre en cause la conception traditionnelle de l'autorité et de la participation. Quant au nationalisme social-démocrate et au nationalisme socialiste, c'est sur l'idéal de la participation qu'on s'attend à ce qu'ils fassent reposer leurs assises. Ils provoqueraient de la sorte le bouleversement des idées séculaires concernant le caractère sacré de l'autorité personnelle et celui de la conception, accréditée depuis 1960, de la primauté de la croissance économique comme moteur du changement.

La rupture idéologique que révèle la confrontation des quatre formes du nationalisme québécois devient manifeste quand on considère les critères de jugement ou la rationalité qui sous-tendent le choix des grandes finalités politiques. [2]

---

2. Dans le Document de travail théorique *Cultures politiques au Québec* (Québec, 1972), Micheline de Sève et moi concevons quatre types différents de rationalité ainsi définis : « une rationalité économique, où l'accroissement des richesses ou leur aménagement optimum soit le pivot de l'échelle des valeurs de la collectivité ou de l'individu... Une rationalité proprement politique, où la recherche du pouvoir permettant d'infléchir le choix des objectifs collectifs d'une communauté dans le sens des finalités propres de celui qui détermine ainsi la marche à suivre pour respecter la « volonté générale » ou assurer le bien commun, soit l'objet des valorisations les plus précieuses pour la collectivité ou l'acteur considéré. Une rationalité sociale où la satisfaction des aspirations des membres réels d'une communauté ayant trait à leurs conditions de bien-être telles que subjectivement définies par eux, par opposition à une détermination idéale ou imposée du bien commun ou de l'intérêt général, prime les considérations de coût, d'ordre ou même de sens moral... Une rationalité culturelle où la poursuite de valeurs transcendantes devienne la pierre d'assise des valorisations exprimées par un sujet donné », pp. 263-264.

La rationalité du nationalisme conservatiste est surtout culturelle. Elle résulte de la volonté de survivance des Canadiens français comme groupe ethnique particulier porteur d'une religion et de traditions ancestrales considérées comme étant les principaux attributs distinctifs de ce groupe. L'adhésion à une rationalité politique axée sur les institutions parlementaires de même que la poursuite du gain économique par rapport à cet objectif primordial, sont secondaires. Frank Scott a bien exposé cette condition : « Le Canadien anglais voit dans la démocratie une forme de gouvernement où la volonté populaire s'exprime par un Parlement librement élu. Il croit au suffrage, aux droits égaux des hommes et des femmes, au principe de la liberté d'expression et d'association, à la presse libre et à la tolérance religieuse. La démocratie est pour lui... une méthode par laquelle la société peut être constamment changée et améliorée... La tradition libérale du dix-neuvième siècle lui a légué une croyance fondamentale aux libertés civiles... Le Canadien français possède de la démocratie une tout autre expérience. Il n'en connaissait rien sous l'ancien régime ; ce qu'il en a appris vient de ses rapports avec les Anglais ; ainsi la démocratie s'est tout de suite identifiée à la lutte pour les droits religieux et linguistiques. Il s'est servi de la démocratie plutôt qu'il n'y a adhéré comme à une doctrine. Son éducation catholique le rend plus conscient des devoirs et des obligations de l'individu que de ses droits personnels et plus prêt à accepter un ordre hiérarchique. Il insiste donc plus fortement sur les droits des groupes appelés au Canada droits minoritaires que sur les libertés individuelles » [3].

L'analyse de Frank Scott est valable à condition de la situer dans un temps aujourd'hui en partie révolu et de ne

3. SCOTT, Frank, « Canada et Canada français », Numéro spécial de la revue *Esprit* sur le Canada français, août-septembre 1952, 185.

pas en tirer la conclusion, comme c'est le cas de plusieurs, que la « réhabilitation » des Canadiens français doive obligatoirement passer par la substitution de leur rationalité culturelle axée sur les valeurs d'Ancien Régime par une rationalité politique épousant les valeurs de la démocratie libérale. De fait, c'est dans cette direction que l'effort accompli au cours des années '60 fut déployé. Les Québécois paraissaient alors en voie d'acquérir une rationalité à la nord-américaine, c'est-à-dire de type démocratique et libéral fortement imprégné d'économisme. Ce processus s'est poursuivi jusqu'à la dénaturation à tel point qu'aujourd'hui, sous le gouvernement Bourassa, la rationalité est économique, les éléments de rationalité culturelle qui subsistent étant surtout conservés pour faire façade. Quant à la rationalité sociale, depuis le départ de Claude Castonguay, elle semble virtuellement absente du discours officiel de ce gouvernement.

Ce que nous ignorons, c'est le degré de pénétration de cette rationalité économique chez les dirigeants des diverses collectivités et parmi la population du Québec. Il se peut que l'adhésion à ce type de rationalité soit plus apparente que réelle : elle tiendrait surtout au fait de la prospérité économique relative du Québec depuis 1970, prospérité que le gouvernement du Québec attribue à son « efficacité » et au fait qu'il ait renversé l'ordre des priorités du culturel et de l'économique en faveur de cette dernière. Mais il ne faudrait pas chanter victoire trop vite. On ne bouleverse pas la culture d'un peuple en si peu de temps. Les anciennes valeurs, comme les vieilles habitudes, ne meurent pas si facilement.

C'est ainsi que je me demande si les études récentes menées sur la culture politique des Québécois, même les

importants travaux de John Meisel [4], ne sont pas victimes
d'une illusion d'optique. Comment, en effet, rendre convenablement compte de la culture politique non pas d'un
parti politique comme le Parti libéral, par exemple, mais de
l'ensemble des Canadiens français si on les juge d'après le
modèle nord-américain de la « civic culture », qu'ils ont si
longtemps explicitement rejeté tout en manifestant à son endroit l'adhésion de façade exigée d'eux par leur intégration
de fait au système politique canadien ? Le « vide culturel »
qui s'est créé au Québec depuis que Trudeau est au pouvoir
à Ottawa et Bourassa au Québec ne me paraît pas fortuit.
Il me semble résulter du fait qu'on ne se préoccupe plus,
comme sous Lesage et Johnson, de propager une idéologie
nationale et une idéologie sociale issues du cru, avec des
résultats décevants en courte période, comme ce fut alors
le cas, mais dont on ne peut présumer l'ampleur qu'ils
auraient pu atteindre avec les années. On a plutôt conclu

---

4. Dans le cadre de son vaste sondage sur les élections générales fédérales de 1968, John Meisel a effectué un certain nombre d'études
très pertinentes à notre propos : MEISEL, John, « Cleavages, Parties
and Values in Canada », Special Section on Canadian Politics, August
1973, inédit ; « Party Images in Canada », A Paper Presented to the
Annual Meeting of the Canadian Political Science Association, June
1970, inédit ; « Continuities in Popular Political Culture : French and
Anglo-Saxon Contrasts in Canada », A Paper prepared for the International Conference on Comparative Electoral Behavior, Survey
Research Center of the University of Michigan, April 1967, inédit ;
« The Bases of Party Support in the 1968 Elections », inédit ;
« Cancel out and Pass On : A View of Canada's Present Options »,
dans : BURNS, R.M., editor, McGill-Queen's Press, Montreal, 1971,
139-169. Cette tendance à contraindre la culture politique québécoise dans le cadre libéral-démocratique nord-américain que je crois
déceler chez John Meisel devient manifeste chez d'autres, moins
sensibles et compétents que lui. Ainsi, dans sa thèse *Culture and
Nationalism in Quebec Politics* (1972), Charles-Michel de Salaberry
juge d'emblée de la culture politique des Québécois d'après la typo-
logie d'Almond et Verba dans *Civic Culture*. Il trouve dans la région
étudiée, le Comté de Hull, peu de « citoyens », beaucoup de « sujets »
et même un bon nombre de « parochiaux ». Tout comme Trudeau,
de Salaberry conclut qu'il s'agit là d'un cas de « democracy sub-
verted by nationalism ».

que pour gouverner, il suffisait de fournir du pain et des jeux — tour à tour séduire avec des « candies » et brandir le gros bâton — et de partir du principe que le peuple aujourd'hui comme hier, est peu exigeant en matière sociale et culturelle.

C'est ici que transparaît le mieux l'importance que pourrait revêtir le Parti québécois pour les Canadiens français. La tâche qui échoit à ce parti, en effet, en est une de grande envergure : lui sera-t-il possible de contribuer à donner enfin figure politique à la culture propre aux Québécois telle qu'elle se manifeste aujourd'hui chez les chansonniers, les artistes, les syndicats ouvriers, les intellectuels, les groupements de citoyens et les jeunes ? C'est là le grand, le seul véritable défi qui se pose, en définitive, à ce parti : l'indépendance, la social-démocratie, tout cela n'est qu'une réduction politique du véritable problème, un problème qui concerne le vouloir-être, l'âme du peuple. S'il doit résoudre ce problème à la « libérale », comme il semble parfois tenté de le faire, il lui faudra d'abord, conformément aux canons de la rationalité politico-économique officiellement en vigueur, faire preuve de la « rentabilité économique » de l'indépendance pour les Québécois, preuve qu'il ne pourra pas aisément fournir — avant coup — comme on a pu le constater lors de l'élection provinciale d'octobre 1973.

Il incombe au Parti québécois d'éviter le piège de l'économisme et de ne pas chercher aveuglément la seule rentabilité électorale. Il lui revient de mettre l'accent sur la rationalité sociale, comme les éléments les plus conscients de ceux qui l'appuient le lui demandent et comme il sied à une société en voie d'accéder à l'ère post-industrielle.

## 2. *La part des élites et de la masse*

Le second point que je considère utile de soulever en conclusion concerne les rapports de l'élite et de la masse dans l'acquisition et de la propagation des nationalismes. La question de la nature et des transformations des divers credo nationalistes, depuis leur formation par l'intelligentsia et leur réception par les élites jusqu'à leur diffusion parmi les diverses couches de la société, soulève nombre de problèmes à la fois d'ordre épistémologique et d'ordre sociologique que les philosophes n'ont cessé de se poser, depuis la fameuse allégorie platonicienne de la caverne en passant par la « théorie » des idoles de Francis Bacon jusqu'à l'examen systématique de l'idéologie comme mode particulier de connaissance chez Karl Marx, Karl Mannheim et Robert K. Merton.

Une des idées les plus communément répandues à l'endroit du nationalisme canadien-français ou québécois concerne l'élitisme dont il aurait été fortement imprégné. Cette idée, jusqu'ici énoncée de façon surtout impressionniste, vient en quelque sorte de recevoir la sanction de la science , Ken McRoberts ayant précisément consacré sa dissertation doctorale à ce sujet. Dans « Mass Acquisition of Nationalism : The Case of Quebec Nationalism », McRoberts, se fondant sur les résultats de sondages, en arrive à conclure que, jusqu'à l'aube du Nouveau Régime, en 1960, tout au moins, les masses réagissaient peu aux stimuli des leaders intellectuels et politiques concernant l'autonomisme, l'un des principaux thèmes du nationalisme conservatiste et, sous une forme modifiée, du nationalisme libéral par la suite. En toute logique, il conclut que le nationalisme québécois, au moins jusqu'en 1960, fut largement le fait d'une élite probablement restreinte et que la masse resta apparemment indifférente à tous les débats idéologiques et aux rivalités politiques fédérales-provinciales centrés sur l'autonomisme.

A la fin de sa dissertation, McRoberts se demande fort pertinemment si la technique d'analyse qu'il a adoptée, soit l'examen de sondages, fournit un instrument susceptible de lui permettre de cerner le problème qu'il se pose. Je réponds carrément par la négative à son interrogation. D'une part, les sondages qu'il a examinés n'avaient pas été conçus pour faire ressortir l'interaction entre les convictions des élites et les croyances des masses ; d'autre part, par le procédé d'étude qu'il a adopté, McRoberts s'est trouvé à postuler un circuit linéaire entre les convictions des élites et les croyances populaires, comme si celles-ci devaient nécessairement prolonger, bien que d'une manière édulcorée sans doute, celles-là. Or, il se peut fort bien qu'il n'en aille pas de la sorte et que, dans le circuit de communication reliant élites et masses de même que dans le processus de mobilisation des masses par les élites, l'idéologie soit soumise à des changements de grandeur d'une envergure telle qu'il s'ensuive des hiatus et des brisures entraînant, en apparence tout au moins, des ruptures propres à dénaturer l'idéologie, mais non à l'abolir. Semblables phénomènes d'entropie suivent de la communication d'une strate à l'autre de la société de virtuellement tous les ordres de connaissance.

Si les outils de travail qu'utilisent les politologues étaient plus raffinés, on verrait sans aucun doute beaucoup plus clairement, par delà les changements de claviers épistémologiques, les liens de continuité entre les exposés abstraits des idéologues, les interprétations des vulgarisateurs et les slogans électoraux.

Dans une importante étude, Philip E. Converse [5] a
montré, d'une part, que les idéologues ne constituaient
qu'une infime proportion de la population américaine
(environ deux pour cent) et, d'autre part, que le caractère
des croyances se modifie à mesure qu'on procède des
strates supérieures vers les strates inférieures. De même
le caractère du support idéologique change d'une strate à
l'autre. Les idéologues obéissent à des convictions profondes. Une strate intermédiaire de quasi-idéologues ou
de vulgarisateurs d'environ dix pour cent traduit et com-
munique à l'ensemble de la population le message des
idéologues ; une troisième strate évaluée à quarante pour
cent reçoit ces messages par suite de son appartenance à
des collectivités diverses ; une quatrième strate de vingt-
cinq pour cent subit l'influence de la conjoncture tandis
que les vingt-cinq pour cent qui restent semblent rester
sourds à toute incitation et ne montrent aucune trace dans
leurs réactions aux stimuli politiques des convictions des
idéologues.

Il se révèle que la capacité mobilisatrice des thèmes
tirés d'un nationalisme particulier dépend à la fois de la
nature des circuits de communication, de l'art des communicateurs et du caractère des structures de liaison entre
les diverses strates d'une société. En ce qui concerne le
nationalisme conservatiste, j'ai émis plus haut l'hypothèse
de l'existence d'un circuit de communication à triple palier,
celui de l'élite supérieure, celui de l'élite locale et régionale et celui de la masse. J'ai également émis l'opinion
que l'élite locale et régionale, constituée des notables,
clercs et laïcs, constituait le palier critique dans la communication des idées nationalistes. En ce qui concerne le
nationalisme libéral et le nationalisme social-démocrate et

5. CONVERSE, Philip E., « The Nature of Belief Systems in Mass
Publics », dans APTER, David E., editor, *Ideology and Discontent*,
The Free Press of Glencoe, New York, 1964, 206-261.

le nationalisme socialiste, je suis d'avis que ce sont les groupes secondaires ou les collectivités diverses (syndicats ouvriers, comités de citoyens, organisations patronales, partis politiques, etc.) qui, en tant qu'agents de relais et créateurs idéologiques *sui generis,* constituent le palier critique de la propagation de la culture politique. C'est ainsi que, dans notre étude sur les cultures politiques au Québec, nous nous sommes crus justifiés de mettre l'emphase à ce niveau.

Ceux qui, par des sondages ou autrement, cherchent à déterminer la culture politique d'une communauté nationale en se fondant sur des statistiques et des pourcentages tirés des réponses individuelles me paraissent faire fausse route. Le nationalisme, comme tout schéma de représentations symboliques, ne peut être, dans sa structure explicite tout au moins, que le fait d'une minorité d'idéologues (philosophes, historiens, sociologues, pamphlétaires, chefs politiques, leaders charismatiques, etc.). Les véritables questions qui se posent dès lors concernent les processus de diffusion de ces idées à travers les réseaux de communication, depuis les idéologues jusqu'à la masse des individus, l'identification des strates sociales critiques dans le circuit de diffusion de l'idéologie et, finalement, la reconstitution des changements dans la nature et le contenu des thèmes idéologiques aux divers points du processus. D'autres questions touchent à la circulation des élites dans le temps, aux incitations et aux contraintes émanant des structures et aux effets des fluctuations de la conjoncture. [6]

---

6. C'est cette voie que, s'inspirant de la théorie de l'action collective de Neil Smelser, John TRENT me paraît suivre dans sa recherche des modes de diffusion du nationalisme. Voir : « The Politics of Nationalist Movements », Annual Meeting of the Canadian Political Science Association, University of Toronto, 1974 (inédit).

C'est ainsi que la propagation du nationalisme social-démocrate et surtout du nationalisme socialiste me paraît impliquer un processus beaucoup plus populaire que dans le cas du nationalisme libéral et surtout que dans celui du nationalisme conservatiste qui représentent des émanations essentiellement élitistes. L'idéologie de base, les structures incitatrices de même que les circonstances qui sous-tendent certaines formes du nationalisme socialiste, sinon le nationalisme social-démocrate du Parti québécois, favorisent la créativité des individus regroupés à la base (dans les comités de citoyens, etc.) et encadrés par les associations professionnelles et idéologiques dont ils sont membres ; tandis que dans le cas du nationalisme libéral et encore davantage dans celui du nationalisme conservatiste, ce sont les élites intellectuelles et politiques qui en sont les créateurs, les garants et les interprètes, la masse des individus recevant les idées nationalistes à la fois par les communicateurs professionnels, ceux des média de masse notamment, et par les élites locales et régionales qui veillent sur son bien-être. Dans tous les cas cependant, qu'il s'agisse du nationalisme social-démocrate, du nationalisme socialiste, du nationalisme conservatiste ou du nationalisme libéral, nous serions en présence d'une minorité engagée et d'une majorité plus ou moins dépendante : ce serait la composition sociologique de cette minorité et de cette majorité qui changerait selon qu'il s'agit de l'un ou de l'autre des nationalismes.

## 3. *L'évolution des nationalismes*

Le dernier point que je me suis proposé d'examiner en conclusion concerne la nature et le degré de l'influence des nationalismes québécois sur l'orientation de la société et de la politique. Il ne peut bien entendu s'agir de procéder à une mensuration quantitative de cette influence, l'intention de mes propos dans le présent essai ayant été de nature qualitative plutôt que quantitative. Je vais me borner à reproduire certaines propositions clefs qui ressortent de mes exposés et qu'il y aurait lieu d'approfondir dans des analyses ultérieures.

L'histoire ancienne et récente montre que s'il est toujours difficile de briser un système politique, cela n'est pas une tâche impossible : à côté de l'affreux drame du Biafra, il y a eu la séparation du Pakistan en deux pays distincts, le Pakistan oriental ou la république du Bangha Desh et le Pakistan occidental. Depuis 1945, l'Allemagne, la Corée et le Vietnam se sont trouvés scindés en deux tant par l'action de poussées internes que par l'intervention de forces externes. On ne saurait toutefois dire *a priori* si l'éclatement d'un système politique signifie une amélioration ou une détérioration de la vie pour les individus et les collectivités impliqués. La véritable question concerne la détermination de la volonté des régions sécessionnistes de se séparer, les efforts qu'ils sont prêts à déployer et les sacrifices qu'ils consentent à faire pour y parvenir. Ces conditions, il est virtuellement impossible de les prévoir avant coup.

La survivance du Canada comme celle de tout pays est problématique. John Deutsch écrit que la nature de l'attachement au pays change selon qu'il s'agit des Canadiens français ou des Canadiens anglais : « Les Canadiens anglais s'attachent à l'idée d'un Canada uni pour des raisons affectives ; leurs déceptions et leurs craintes sont d'ordre économique. Les Canadiens français adhèrent à un Canada uni pour des motifs économiques ; leurs déceptions et leurs craintes sont d'ordre affectif ».[7] John Deutsch aurait pu ajouter que les Canadiens français, du moins les

---

7. DEUTSCH, John, *Introduction, One Country of Two, op. cit.*, 14.

Québécois, ne vibrent vraiment qu'à l'évocation de « la patrie » et que la patrie, la terre des ancêtres, pour la plupart d'entre eux, qu'ils soient ou non indépendantistes, c'est le Québec.

J'ai ailleurs émis l'hypothèse selon laquelle « de toutes les sociétés libérales de l'Ouest, c'est le Canada qui est le plus menacé d'éclatement par le jeu de contradictions internes qu'il ne parvient pas à résoudre ».[8] Je fonde cette opinion sur l'évolution des nationalismes québécois depuis 1840. Ces derniers, en effet, ont été fortement intégratifs jusqu'à 1960, la variété « séparatisante » du nationalisme conservatiste québécois, celle de l'abbé Groulx par exemple, ne s'étant jamais affirmée dans les faits jusqu'au bout de sa logique par suite du manque de confiance en soi et du respect absolu de l'autorité établie propres aux protagonistes de ce nationalisme.

Depuis 1960, toutefois, la vague indépendantiste n'a cessé de prendre de l'ampleur et ce sont les diverses formes du nationalisme social-démocrate et du nationalisme socialiste qui constituent indubitablement la variété la plus articulée de nationalisme qui s'exprime à l'heure actuelle au Québec. Même abstraction faite de l'alourdissement de la machine administrative et de la complexité croissante de la procédure gouvernementale, il semble bien que le Canada soit plus difficile à gouverner aujourd'hui qu'il y a cinquante ans. Le développement au Québec d'un fort courant de nationalisme à la fois indépendantiste et socialiste, en principe tout au moins, va priver le système politique canadien, tant à Ottawa qu'à Québec, d'une partie du soutien spécifique et même du soutien diffus qu'il a jusqu'ici reçu de la part des Québécois, à l'exception des périodes de crises comme lors de l'affaire Riel et des deux épisodes de la conscription.

---

8. DION, Léon, *La prochaine révolution*, op. cit., 325.

Jusqu'à quel point le soutien spécifique ou diffus des Québécois au système politique canadien pourrait-il ainsi diminuer sans entraîner l'éclatement du système politique lui-même ? Le test que le Parti québécois a voulu appliquer lors des élections fédérales générales de juillet 1974 a été très positif du point de vue systémique puisque le mot d'ordre d'annulation des bulletins de vote semble n'avoir été suivi que par une infime fraction des électeurs. Les Québécois, les indépendantistes comme les autres, continuent à voter au fédéral, à payer leurs impôts, à s'engager dans la fonction publique fédérale, dans la gendarmerie et dans l'armée canadiennes, etc. Est-il possible, dans le contexte nord-américain, d'envisager un moment ou un seuil de lassitude, de désenchantement ou de colère à partir duquel une proportion importante des Québécois francophones choisiraient systématiquement la voie de la désobéissance civile ? Pareille éventualité pourrait se produire le jour où les leaders indépendantistes québécois parviendraient à faire partager par une fraction importante des citoyens leur conviction que l'intégration des Québécois au système politique canadien conduit au suicide national (économique et politique et non seulement culturel) [9] et, qu'en même temps, il apparaîtrait de plus en plus improbable que la séparation du Québec puisse suivre du simple processus électoral.

L'éclatement éventuel du système politique canadien peut se produire de plusieurs manières. Il peut être provoqué par la sécession politique du Québec ou même d'une autre région du pays. Il peut également suivre d'une grave

---

9. Pour un point de vue similaire, voir : DEUTSH, Karl W., *Nationalism and Its Alternatives, op. cit.*, 173. Il me paraît improbable que la séparation puisse suivre de l'évocation de motifs exclusivement d'ordre culturel. Il faudra probablement que l'on puisse également invoquer des raisons d'ordre économique et d'ordre politique. Dans l'ordre actuel des choses, les « preuves » qu'avancent les indépendantistes paraissent peu convaincantes à plusieurs.

crise du régime libéral, consécutive à une entente entre les socialistes québécois et ceux des autres provinces — entente qui inclurait le démembrement du système politique canadien. Il peut découler du jeu électoral mais bien d'autres conditions pourraient aussi produire cet éclatement. Une grave crise économique en créant des millions de mécontents pourrait déclencher une forte poussée sécessionniste dont bénéficierait le Parti québécois. (L'un des principaux arguments des fédéralistes n'est-il pas que le *statu quo* politique garantit une plus grande prospérité économique ?) Par ailleurs, les Québécois peuvent se mettre à désirer l'établissement d'un nouvel ordre socio-politique. Comme l'écrit Daniel Bell : « Contrairement aux énoncés de Marx, un nouvel ordre social peut très bien s'édifier parallèlement à l'ancien ordre social plutôt que sur ses ruines ». [10]

Mais en même temps et inversement, on ignore la capacité du système politique canadien de résister au *stress* émanant de poussées internes. Je ne crois pas que la réaction du gouvernement fédéral et celle du gouvernement du Québec lors des événements d'octobre 1970 constituent de bons indices de la solidité du système politique canadien. La solidité d'un système politique ne s'apprécie pas seulement en fonction de la qualité de ses appareils. Il faut également tenir compte des dispositions des élites et des membres à l'endroit du système. A bien scruter les événements lointains et récents, il me semble que la volonté de maintenir le système politique canadien est bien plus forte que ne l'estiment la majorité des indépendantistes québécois. Tout cela toutefois reste à voir puisque, jusqu'ici, trois crises majeures mises à part, le système politique canadien n'a pas encore eu à éprouver la solidité de ses divers appareils non plus qu'à sonder les

---

10. BELL, Daniel, *The Coming of Post-Industrial Society*, 378.

reins et les coeurs. Comment les conditions se présentent-elles dans le proche avenir ?

Les élections fédérales de juillet 1974 ont reporté le Parti libéral au pouvoir. Ce dernier disposera d'une majorité absolue confortable à la Chambre des communes au cours des prochaines années. Profitera-t-il de cette situation favorable pour amorcer une réforme radicale de la Constitution visant à effectuer avec les Provinces, et plus particulièrement avec le Québec un « New Deal » qui concilierait à la fois les aspirations vers une plus grande autonomie chez ces dernières et le besoin pour le gouvernement fédéral de disposer des prérogatives nécessaires pour garantir l'unité politique du pays dans des conditions devenues très difficiles ?

Un certain nombre de mesures annoncées depuis septembre 1974 indiquent que le gouvernement fédéral, fort de sa majorité, s'efforce d'accroître la présence des francophones à Ottawa. C'est ainsi que le 21 novembre, le Président du Conseil du Trésor, Jean Chrétien, ministre chargé de la loi sur les langues officielles, a fait connaître l'intention du gouvernement de porter à dix-neuf pour cent au lieu des onze pour cent seulement prévus en 1972 (53,600 au lieu de 25,000 postes) la proportion de postes devant devenir bilingues d'ici 1978, à treize pour cent (35,566 postes) la proportion de postes devant être francophones et à huit pour cent (22,938 postes) le pourcentage de postes permettant l'usage du français ou de l'anglais, ces derniers appartenant surtout à la catégorie des postes de direction. Ce programme va dans le sens des suggestions que j'avais faites en 1971 devant la Commission conjointe du Sénat et de la Chambre des communes sur la Constitution. Il est certain qu'il s'agit là d'une décision hardie, dont la mise en application intégrale garantirait la

présence francophone là où elle doit d'abord se faire sentir,
c'est-à-dire aux échelons intermédiaires et supérieurs de la
fonction publique fédérale. Si les universitaires répon-
daient avec enthousiasme à l'invitation qui leur est faite
et joignaient les rangs de la fonction publique fédérale en
cohortes serrées d'ici 1978, il en résulterait que l'ensemble
de la politique fédérale correspondrait beaucoup mieux aux
attentes et aux particularismes culturels québécois que ce
ne fut jusqu'ici le cas. Nous ne sommes plus toutefois en
1968, c'est-à-dire au moment où semblable politique aurait
dû être décrétée, ni même en 1971, alors que les chances
pour pareille politique de produire des effets bénéfiques
sur les attitudes des Québécois semblaient encore bonnes.
En 1975, pour juger de la portée possible de la décision
fédérale, on est tenté de reprendre l'exclamation d'André
Laurendeau lors de l'adoption fédérale du règlement sur
les chèques bilingues : « trop peu, trop tard ! » Bien qu'en
elles-mêmes d'importance considérable, les mesures récemment adoptées, même si elles étaient intégralement mises
en pratique, ce dont on a lieu de douter, pourraient bien
n'exercer que peu d'effets sur les tendances en cours tant
à Ottawa qu'à Québec.

A Ottawa, la conjoncture économique inflationnaire
ainsi que les problèmes créés par la récente crise mondiale
de l'énergie vont requérir du gouvernement fédéral qu'il
surveille de très près les orientations politiques dans des
Provinces comme l'Alberta, la Colombie britannique et
même l'Ontario. Les centres de la crise politique canadienne vont se multiplier au cours des prochaines années
et le gouvernement fédéral devra forcément détourner une
partie de l'attention qu'il a tenu rivée sur le Québec depuis
1962 vers des facteurs de stress majeurs s'exerçant ailleurs.
En outre, aujourd'hui comme hier, il est évident que la
majorité des anglophones du pays et la plupart des gouver-

nements des autres Provinces vont se refuser sous toutes
sortes de prétextes à appuyer la politique linguistique du
gouvernement fédéral du moment qu'ils estimeront qu'elle
freine la « libre concurrence » dans l'accès à l'administration
fédérale et qu'elle peut infléchir les décisions et les actions
politiques en faveur de la culture française.

Un autre processus, plus significatif selon moi que les
précédents, est en cours. Il concerne la polarisation croissante des positions politiques au Québec. Le « branchis-
me », c'est-à-dire l'invitation pressante faite aux individus
et aux collectivités de décider s'ils sont fédéralistes ou
indépendantistes, constitue une première forme de cette
polarisation. Une autre forme concerne la démarcation qui
se fait de jour en jour plus nette entre libéraux et socialistes.

Sous-jacent à ces formes spécifiques de polarisation et
les englobant toutes, on constate, depuis 1965, un clivage
de plus en plus prononcé entre les deux grands modes
idéologiques qui, depuis toujours, départagent les orientations politiques : le conservatisme et le progressisme. Il
devient de plus en plus évident que cette dernière forme
de polarisation est bien en cours et conduit lentement mais
inéluctablement les Québécois à se départager selon des
lignes de démarcation partisanes : le Parti libéral du Québec devenant de plus en plus le parti des conservatistes et
le Parti québécois devenant le seul parti que puissent rallier
les progressistes sans que ces derniers aient à trahir leurs
convictions. (C'est même là l'aspect essentiel sous lequel le
Parti québécois se montre comme l'héritier de la grande
époque de la « Révolution tranquille »).

Les changements de fond survenus dans le Parti libéral
du Québec depuis 1965 constitueraient une énigme si on
ignorait que c'est par la seule force de la conjoncture
existant au lendemain des élections provinciales du 22 juin

1960 que ce parti a adhéré à un nationalisme libéral. Déjà en 1965 l'idéologie nationale s'était affadie dans ce parti et depuis 1970 c'est le pragmatisme et l'affirmation de la primauté de l'économique qui domine ses prises de position. Tout comme le Parti libéral sous Alexandre Taschereau et l'Union nationale sous Maurice Duplessis, le Parti libéral du Québec sous Robert Bourassa se flatte de l'appui inconditionnel de la « majorité silencieuse ». Le ministre de la Justice, Jérôme Choquette voyait juste lorsqu'il déclarait le soir de l'élection provinciale d'octobre 1973 que « le Parti libéral du Québec occupe dorénavant toute la droite ». Sous la direction de Robert Bourassa, le Parti libéral du Québec est en passe de devenir le principal refuge des conservatistes, ancien et nouveau styles, c'est-à-dire de ceux qui ne veulent rien changer à l'ancien aussi bien qu'au nouveau. Par ailleurs, à la suite notamment des révélations troublantes de la Commission d'enquête Cliche sur l'industrie de la construction, quant aux relations qui existent entre des éléments syndicalistes et patronaux véreux et des députés et des fonctionnaires jusque dans l'entourage immédiat du Premier Ministre, l'image de « gestionnaire » efficace que Robert Bourassa a cherché à procurer à son gouvernement va s'en trouver irrémédiablement ternie.

Certes, le Parti libéral du Québec ne saurait être conservatiste à l'ancienne manière, comme le furent le régime de Taschereau et celui de Duplessis. Il continue à adhérer pour l'ensemble aux préceptes du *Welfare State* et vise toujours à la consolidation de la modernité au Québec. Il est conservatiste en ce sens qu'en tout ce qui touche les grandes questions de l'heure — la sécurité et la justice personnelles et collectives, l'aménagement des villes et des campagnes, le contrôle sur les ressources naturelles et sur les grands leviers de l'économie, l'éducation et la recherche scientifique, la promotion de la langue française, la constitution politique, etc. — il favorise généralement le *statu quo*, en prétextant que tout changement pourrait nuire à la paix sociale ou surtout à la sacro-sainte croissance économique dont la primauté est règle absolue. [11]

Pour toutes sortes de raisons, liées à l'économie et à la culture, il s'est produit depuis 1965 une grande offensive conservatiste au Québec. Les assauts répétés d'éléments radicaux, ceux de la jeunesse étudiante en 1968, du Front de libération du Québec en octobre 1970, du Front commun ouvrier en 1972, se sont l'un après l'autre brisés contre la digue conservatiste qu'ils ont d'ailleurs contribué à renforcer bien au-delà des attentes des agents politiques et notamment du Premier Ministre Bourassa qui se trouve de la sorte engagé sur une pente politique qu'il aurait préféré moins raide, lui qui cherche sincèrement à dégager de lui-même et de son gouvernement une image progressiste et qui se présente avec emphase comme un homme de « gauche » et considère le Parti libéral du Québec comme ayant une orientation « social-démocratique » !

---

11. Les mesures « socialistes », dans le domaine des affaires sociales, particulièrement en ce qui a trait à la santé publique, de l'ancien ministre Claude Castonguay, prolongées d'ailleurs par son successeur Claude Forget, constituent la grande exception de cette orientation généralement conservatiste du gouvernement Bourassa. Il semblera étrange au lecteur anglophone que je considère que le Parti libéral du Québec s'en tient au *statu quo* en ce qui concerne la question linguistique. Dans plusieurs milieux anglophones, on perçoit pourtant le projet de loi 22 sur « la langue française, langue officielle », parrainé à l'Assemblée nationale par le ministre François Cloutier et adopté durant la canicule de juillet 1974, comme une mesure radicale. Ce n'est pas ainsi que la grande majorité des francophones, fédéralistes ou indépendantistes, libéraux ou socialistes, conçoivent cette loi. Ils la considèrent comme une mesure de même nature que la loi 63 qu'elle remplace et qui ne faisait que sanctionner un *statu quo* jouant à l'avantage des anglophones du Québec. Le Premier Ministre du Nouveau-Brunswick a jugé bon de porter la question de la constitutionnalité de cette loi à la Cour suprême. Une fois de plus, à défaut de la substance des choses, le Québec se battra pour un « symbole ».

Les 23 et 24 novembre 1974, le Parti libéral du Québec tenait son congrès bi-annuel. L'atmosphère qui régna tout au long de ces assises confirme la conversion de parti réformiste en parti de gestionnaire à la petite semaine survenue dans le PLQ depuis 1965 et surtout depuis 1970. Ce parti devient de plus en plus réfractaire à toute forme de nationalisme de même qu'à tout courant d'idées sociales un tant soit peu réformiste. En même temps il favorise de plus en plus une rationalité économique aux horizons clos. De façon courageuse et clairvoyante, le nouveau président du PLQ, le notaire Claude Desrosiers, a mis en garde les délégués contre le conformisme de plus en plus intolérant et l'asphyxie intellectuelle et politique qui guettent le Parti libéral. C'est ainsi qu'il déclare : « Le parti donne l'illusion d'être un spectateur au plan des grandes discussions et j'y vois un danger certain que je ne suis certainement pas le seul à discerner... Nous sommes sentis près du gouvernement, nous avons pratiqué de façon peut-être trop exagérée l'autocensure pour ne pas nuire au gouvernement... Nous devons nous inscrire publiquement dans les débats actuels, sans quoi l'existence et l'aventure de notre parti ne sauraient attirer ceux qui peuvent aujourd'hui contribuer à notre cause, ceux qui demain nous remplaceront et que nous n'accrochons pas par défaut. » Est-ce que le coup de barre en avant que le nouveau président du PLQ entend donner suffira pour sortir son parti de l'ornière du conservarisme où il s'enfonce depuis 1970, c'est-à-dire depuis qu'il s'est aliéné la plupart des intellectuels, et à lui redonner un nouveau regain de vitalité intellectuelle ? J'en doute. Il est au contraire plausible que le PLQ, par ses succès mêmes et par l'usure implacable du pouvoir, va continuer à se laisser porter par l'opportunisme politique et qu'il risque de la sorte de connaître à plus ou moins brève échéance de cuisants déboires.

Cette offensive conservatiste a comme points d'appui les anciennes professions libérales, les dirigeants et les cadres des petites et des moyennes entreprises, les artisans et les cultivateurs. C'est le Parti libéral qui a recueilli la presque totalité des fruits de cette offensive, l'Union nationale, cet ancien château-fort du conservatisme au Québec, ayant pour toutes fins pratiques été dissoute (l'élection de Maurice Bellemarre dans l'élection complémentaire du 29 août 1974 dans le comté de Johnson, bien qu'elle représente un événement significatif, ne peut être considérée comme le début d'un renouveau pour ce parti) et le Ralliement des créditistes ayant accumulé tellement de bévues que si ce parti n'exerçait pas la fonction bien spécifique de représenter les vues et les besoins d'une couche particulière de la société — fonction que Vera Murray à la suite de Georges Lavau appelle la fonction tribunitienne — il ne ferait même plus surface. [12]

A regarder superficiellement la situation, il semble que, tant sur le front national que sur le front social, rien ne bouge plus au Québec depuis juin 1972. Derrière le calme plat de surface, toutefois, les remous qui se produisent dans les couches profondes de la société indiquent, au contraire, que le Québec est en ébullition. Pour l'instant, on en retire souvent l'impression d'agitations vaines, tant paraissent hétéroclites et peu coordonnées les forces de changement. Toutefois, pour des raisons également liées à l'économie et à la culture, les forces progressistes, qu'elles le veuillent ou non, sont de plus en plus attirées dans le sillage du Parti québécois : étudiants et enseignants, journalistes, artistes, jeunes professionnels, jeunes cadres d'entreprises, dirigeants et permanents syndicaux, couches sociales défavorisées des villes et des campagnes, etc., bref,

---

12. MURRAY, Vera, *La culture politique du Ralliement des créditistes*, Rapport de recherches, 1974.

les agents de changement de l'ordre socio-politique existant, même si pour des raisons d'intérêt et d'idéologie ils
s'opposent aujourd'hui les uns aux autres, n'ont guère plus
le choix. Seul de toutes les formations partisanes d'une
certaine importance, le Parti québécois prête l'oreille à
leurs demandes. D'aucuns le voudraient plus radical. Mais
les stratèges du parti, qui poursuivent fort légitimement
des visées électorales, s'efforcent d'exclure toute apparence
de « gauchisme » de crainte d'effrayer les électeurs qui,
dans leur grande majorité, subissent l'influence de la marée
conservatiste. Les rajustements récents au sein du Parti
québécois ont revêtu une telle ampleur que l'on ne peut
même pas assurer que ce parti, s'il devait un jour être porté
au pouvoir, poursuivrait résolument une politique progressiste. Au contraire, à l'instar du Parti libéral du Québec,
il pourrait lui aussi se laisser entraîner sur la pente facile
du conservatisme. Mais, pour le moment du moins, les
progressistes québécois, qu'ils soient fédéralistes ou indépendantistes, libéraux ou même socialistes, n'ont guère
d'autre choix que d'appuyer le Parti québécois s'ils veulent
que leur volonté de changement revête une forme politique.
Les progressistes fédéralistes qui auraient voté pour le Parti
québécois auraient par la suite la possibilité de faire connaître leur option à ce sujet en votant « non » lors du
référendum que le Parti québécois tiendrait s'il était porté
au pouvoir !

C'est en effet le Parti québécois, maintenant remis des
déceptions consécutives au résultat déprimant pour lui des
élections d'octobre 1973 qui ne lui procurèrent que six
députés sur cent dix avec trente pour cent du vote populaire, qui aujourd'hui attire à lui les éléments progressistes,
ceux-là mêmes qui aidèrent le Parti libéral à prendre le
pouvoir en 1960. Lors de son congrès d'octobre 1974, le
Parti québécois a en outre montré qu'il compte dorénavant

dans ses rangs des dirigeants et des permanents suffisamment sophistiqués pour imaginer et mettre en oeuvre les stratégies susceptibles de lui permettre d'être porté au pouvoir à très brève échéance. L'engagement de tenir un référendum sur l'indépendance du Québec auprès de l'ensemble de la population à la suite d'une victoire électorale du Parti québécois s'il devenait impossible de négocier cette indépendance de bonne foi avec le gouvernement fédéral et les Provinces anglophones constitue sur le plan électoral un coup de maître. En même temps, le Parti québécois atténue insensiblement les éléments les plus risqués de son programme, tant sous l'aspect national que sous l'aspect social, de façon à le rendre plus acceptable à une population que certains effets indésirables des réformes du début des années '60, notamment dans le domaine de l'éducation, de celles du début des années '70, dans le secteur de la santé et du bien-être social, de même que les événements traumatisants d'octobre 1970 et la crise politique consécutive à l'action du Front commun intersyndical du printemps 1972 ont rendu de nouveau foncièrement conservatiste. Si, au surplus, le leadership de René Lévesque n'est pas remis en cause d'ici les prochaines élections provinciales, comme cela semble maintenant probable, et si les factions radicales de droite et de gauche sont maintenues sous contrôle, comme il apparaît presque certain, on doit prévoir que les prochaines élections provinciales, compte tenu de l'érosion par l'intérieur qui se produit au sein du Parti libéral, pourraient tourner à l'avantage du Parti québécois, lequel, de toute manière, constitue présentement le seul parti, outre le Parti libéral, ayant une vocation de pouvoir au Québec. Dans ces circonstances, l'avenir du Canada doit être dorénavant envisagé selon une problématique bien différente de celle qui prévalait avant les élections provinciales d'octobre 1973.

Le jeu politique se présente aujourd'hui au Québec
sous la forme suivante : un Parti libéral qui adhère officiellement au credo du nationalisme libéral mais qui s'adonne
sans pudeur à une forme de pragmatisme électoraliste qui
le vide rapidement de son idéologie nationale et même de
son idéologie sociale originelles ; une Union nationale et
un Ralliement des créditistes qui conservent de fortes
saveurs autonomistes et une propension marquée vers le
conservatisme ancienne manière et dont les possibilités
électorales apparaissent limitées ; et un Parti québécois qui
fait montre de sincérité dans le nationalisme indépendantiste et social-démocrate qu'il professe, bien que la pression
des contraintes électorales puisse le conduire à des accom-
modements d'une ampleur indéterminée tant en ce qui
concerne son idéologie nationale que son idéologie sociale.

Si ce jeu politique doit continuer à s'affirmer, il devrait s'ensuivre d'ici peu un affrontement décisif entre les
éléments conservatistes et les éléments progressistes du
Québec. La victoire finale des uns et des autres dépend
d'une conjoncture que nous ignorons. Assisterons-nous à
une répétition des élections de 1936 qui portèrent pour
la première fois au pouvoir l'Union nationale — née en
1935 d'une coalition de l'Action libérale nationale, grou-
pant les jeunes libéraux dissidents dirigés par Paul Gouin,
et du Parti conservateur du Québec dirigé depuis 1933
par Maurice Duplessis — avec un mandat inspiré d'un
nationalisme libéral que Duplessis devait trahir en moins
d'un an ? Ou plutôt verrons-nous la répétition, sur une
autre échelle, des événements qui suivirent l'élection du
22 juin 1960 et qui signalèrent la victoire, sous le signe
encore une fois d'un nationalisme libéral, de la première
équipe progressiste que le Québec ait jamais eue depuis
la Confédération ? Et cette formation progressiste victorieuse, sera-t-elle indépendantiste et social- démocrate ou,

au contraire, le Parti québécois, dans l'entre-temps, aura-t-il été amené à modifier ses positions de base afin de se gagner l'appui d'un nombre suffisant d'électeurs ?

L'Histoire, dit-on, ne se répète jamais de façon parfaitement identique. Mais à considérer l'éventail des idéologies politiques que permettent les nationalismes en présence — un nationalisme conservatiste encore vivace mais privé de fortes formations partisanes, un nationalisme libéral vidé de son souffle idéologique mais conservant de fortes assises électorales, un nationalisme social-démocrate que véhicule un parti, le Parti québécois, qui n'a pas encore fixé définitivement ses bornes idéologiques et un nationalisme socialiste toujours à la recherche d'un mode d'expression ajusté aux conditions de la société québécoise — on constate une forte polarisation des éléments généralement favorables au *statu quo* et des éléments désireux de changements dans tous les domaines d'activité. Si ce phénomène de polarisation se poursuit, comme il semble devoir le faire, comment ne pas prévoir à brève échéance des affrontements d'une grande ampleur au Québec ?

Tous ensemble, ces volte-face, ces ruptures, et ces nouveaux tournants possibles des nationalismes manifestent, par-delà les apparentes ou réelles contradictions, la pérennité d'un peuple.

# Épilogue
## ... et la valeur de l'engagement

On reste confondu devant l'ampleur des mutations culturelles que le Québec a connues depuis 1940. Il est passé d'un traditionnalisme ruraliste et agriculturiste à la modernité et même à la post-modernité, d'un catholicisme monolithique à de nombreuses formes de pluralismes séculiers, d'un corporatisme tribal au libéralisme et au socialisme, d'un fédéralisme toutefois rarement assumé de façon intégrale et d'un autonomisme d'ordinaire timide à diverses formes d'autonomismes agressifs et de séparatismes, et ainsi de suite. Il faut également tenir compte du choc des multiples « restaurations » auxquelles chacune de ces évolutions a donné lieu et cela tant dans les esprits qu'au sein des institutions. Ce sont ces progressions et ces régressions

que le chassé-croisé incessant des interactions des nationalismes conservatiste, libéral, social-démocrate et socialiste enregistre fidèlement.

Or, ces mutations ont été rendues possibles parce qu'à
chaque moment opportun il s'est trouvé des hommes et
des mouvements sociaux qui se sont refusés à considérer
le Québec du point de vue de Sirius et qui, au contraire,
ont cherché à le pousser dans un sens ou dans l'autre :
Rouges et Castors, catholiques autonomistes et ultramon-
tains, l' « école nationaliste » de Montréal et la Faculté des
sciences sociales de Laval, les Semaines sociales et l'institut
des affaires publiques, l'*Action nationale* et *Cité libre,*
*Cité libre* et *Parti pris,* syndicats ouvriers et entreprises
capitalistes, l'Union nationale et le Parti libéral, le Parti
libéral et le Parti québécois, les conservatismes et les pro-
gressismes passés et contemporains... C'est précisément
des collusions et des affrontements entre ces multiples
tendances que résultèrent et que résultent encore aujour-
d'hui la vitalité du peuple québécois.

A la tête de ces mouvements, on trouve des hommes
qui marquèrent ou marquent leur époque à titres divers :
Mgr Bourget, le Cardinal Villeneuve, Henri Bourassa, Lio-
nel Groulx, Edouard Montpetit, Georges-Henri Lévesque,
Alexandre Taschereau, Maurice Duplessis, Jean Lesage,
Daniel Johnson, René Lévesque, Pierre-Elliott Trudeau...

Quand cependant on considère l'action de ces person-
nalités, on constate qu'elles ont rempli leur mission historique dans un laps de temps très court. Dans les cas où,
une fois remplie leur mission essentielle elles ont persisté
à oeuvrer, elles sont souvent devenues des présences
gênantes, sinon encombrantes. Henri Bourassa et Lionel
Groulx constituent de grandes exceptions mais, même dans

leur cas, leur pensée, sous des aspects majeurs, était devenue anachronique, bien qu'encore influente, plusieurs années avant la fin de leur vie active.

La responsabilité de construire la société ou de la soumettre à la critique paraît passer très rapidement d'un mouvement et d'une personne à l'autre. Et pour un mouvement et une personne qui marquent leur époque, combien d'autres, incapables ou mal inspirés, échouent et retombent dans l'oubli ! Ceux-là seuls font oeuvre historique qui savent saisir l'occasion qui se présente à eux au moment opportun. Les autres, les faibles, ceux auxquels l'intuition fait défaut, ne pèsent pas lourd dans la balance du temps. Faire oeuvre historique, cela ne consiste pas à avoir raison une vie durant ni même à avoir raison tout court, cela consiste à savoir prendre le bon tournant quand il se présente de même qu'à savoir s'y tenir avec assez de force et de persistance pour influencer le pourtour de ce tournant.

C'est ainsi qu'on parle beaucoup et à juste titre de l'influence de la Faculté des sciences sociales de Laval et de celle de son premier Doyen, le Père Georges-Henri Lévesque. Les premiers maîtres de cette Faculté ont en effet beaucoup contribué à démythifier certaines valeurs et certains modes de comportement traditionnels depuis longtemps sclérosés ou désuets. Ce faisant, en même temps qu'ils préparaient les voies de l'avenir, ils se sont durement colletés avec les dirigeants clercs et laïcs en place. Mais, cette oeuvre immense de démythification, la Faculté l'accomplit en quinze ans tout au plus, c'est-à-dire entre 1938 et 1952. De 1952 à 1955, la Faculté des sciences sociales connaît une mutation. Elle se rénove et c'est sous une autre direction et avec la venue d'une seconde géné-ration de professeurs que par la suite elle contribue à préparer les conditions qui aboutiront à la « Révolution tranquille ».

Jusqu'en 1952, la Faculté et ses premiers maîtres continuent à s'inspirer de l'orthodoxie thomiste, de la doctrine sociale de l'Eglise et, dans leur lutte contre l'exploitation « réaliste » du nationalisme conservatiste par Maurice Duplessis, ils pratiquent un doctrinarisme nationaliste à rebours, le pancanadianisme. Ce sont précisément ces amarres qui retiennent encore la Faculté à des modes de pensée et de comportement anachroniques ou impropres à la pleine émergence de projets universitaires scientifiques que les professeurs de la seconde génération lèveront. Ils vont fonder leurs enseignements sur des théories positives et critiques qui se veulent rigoureuses et d'application universelle et, sous les auspices de l'ACFAS qui avait jusque-là regroupé uniquement les sciences de la nature, ils vont créer en collaboration avec leurs collègues nouvellement venus à l'université de Montréal et qui partagent le même esprit, des associations scientifiques d'où naîtront des projets et des colloques, des enquêtes scientifiques sur le terrain de même que la création d'une revue spécialisée, *Recherches sociographiques,* qui produira les résultats de ces colloques et de ces enquêtes. De la sorte, après 1952, la contribution de la Faculté des sciences sociales de l'université Laval consistera à faire émerger l'esprit du nationalisme libéral qui deviendra la formule politique officielle à la suite de la victoire de Jean Lesage en juin 1960 ainsi qu'à former les hommes qui mettront en oeuvre les grandes réformes résultant de l'avènement de ce nationalisme.

De même, en ce qui concerne *Cité libre,* c'est dans le bref espace de dix ans (1950-1960) que se comprime la durée de son utilité sociale. Cette revue, en effet, bien qu'elle combatte avec énergie le pancanadianisme de la

Faculté des sciences sociales et qu'elle cesse de s'inspirer du thomisme et, à un moindre degré, de la doctrine sociale de l'Eglise, poursuit en quelque sorte le combat social sous la forme selon laquelle cette Faculté l'avait mené jusqu'en 1952. Mais à compter de 1960, à la suite de l'instauration du régime démocratique libéral pour l'avènement duquel elle avait lutté avec tant d'ardeur, elle se cherche, mais sans succès, de nouvelles raisons d'être. Après 1960, les rédacteurs de la revue ne parviennent pas à comprendre ni à orienter le cours des événements et c'est une nouvelle génération d'intellectuels qui, en quittant *Cité libre* avec éclat et en fondant *Parti pris* en 1963, contribuera à faire émerger de nouveaux états d'esprit aboutissant à diverses formes de nationalismes sociaux-démocrates et socialistes.

Il arrive que les fluctuations de la conjoncture favorisent le même homme (ou le même mouvement) à plus d'une reprise et amènent ce dernier à s'engager dans une deuxième carrière parfois, en apparence tout au moins, assez différente de la première. Le nom de Charles de Gaulle vient immédiatement à l'esprit. On songe également aux multiples mouvements terroristes et révolutionnaires de la Russie tsariste qui inlassablement reprirent et approfondirent jusqu'à la révolution victorieuse de 1917 le scénario des Décembristes de 1815. C'est aussi le cas de Gérard Pelletier, Jean Marchand et Pierre Elliott Trudeau. Syndicalistes ou journalistes de premier plan entre 1950 et 1963, il semblait, après cette date, que s'étant dissociés des grands courants de la « Révolution tranquille » et, par ailleurs, étant devenus impuissants à inspirer un mouvement d'opposition en accord avec les tendances dominantes du moment en dehors des cercles officiels, il leur était impossible de continuer à exercer des rôles sociaux majeurs au Québec. Leur décision, en 1965, de s'engager sur la scène politique fédérale pour faire, selon

l'expression de Pierre Trudeau, « contre-poids » à un Québec devenu à leurs yeux trop autonomiste, leur fournit
l'occasion d'entreprendre une deuxième carrière qui devait
les mener à remplir sur le plan canadien les fonctions de
toute première importance que l'on connaît : leurs idées,
qui ne cadraient plus aux besoins du Québec, tels que les
dirigeants officiels ou les leaders des mouvements d'opposition extra-parlementaires les définissaient, se trouvaient
et se trouvent encore, par contre, correspondre convenablement aux attentes du Canada anglophone.

Multiplier les exemples serait inutile puisqu'on abou-
tirait toujours aux mêmes constatations : des mouvements
sociaux et des hommes sont requis pour produire des
évolutions historiques d'une grande envergure mais la durée
de leur utilité sociale est brève. Il n'est toutefois pas
toujours facile de les persuader de s'effacer au moment
venu. L'Histoire, en effet, dépasse très vite et les mouvements et les hommes.

Pour comprendre la valeur de l'engagement, il importe
de scruter les raisons d'être de ces brutales mises au rancart de mouvements et d'hommes jugés pour un temps
indispensables. C'est dans la nature même des valeurs et
de leurs relations aux situations concrètes d'où se décident
les cycles des valeurs qu'il faut chercher la réponse à cette
interrogation. Si les mouvements et les hommes au Québec
se succèdent à de brefs intervalles et si cette condition
paraît encore plus marquée aujourd'hui qu'hier, c'est que
le rythme de l'évolution dans cette société fut très rapide
depuis trente-cinq ans et que ce rythme continue à
s'accélérer.

L'examen des nationalismes québécois révèle, parmi les
valeurs engagées dans l'action, une oscillation constante à
l'intérieur de trois modèles différents de représentations

culturelles. On y trouve, en effet, une tension permanente
entre le particularisme et l'universalisme, le conservatisme
et le progressisme de même qu'entre le réformisme et le
radicalisme. Certains nationalismes penchent davantage
du côté du particularisme et du conservatisme ; d'autres,
au contraire, s'axent davantage sur l'universalisme et le
progressisme cependant qu'au sein de l'orientation progressiste, réformistes et radicaux se heurtent fréquemment les
uns aux autres. Semblables tensions, bien qu'à de moindres
degrés, peuvent également se manifester à l'intérieur d'un
même courant nationaliste. C'est ainsi que la considération
des valeurs qui soustendent le nationalisme conservatiste
traditionnaliste montre que ce dernier, depuis son triomphe
définitif en 1840 jusqu'à sa mise au rancart officielle en
1960, fut, de façon inconditionnelle, particulariste et conservatiste. Et si, de son côté, le nationalisme libéral est
d'essence progressiste, le jeu des valeurs qui s'y confrontent
indique qu'il n'est pas immunisé contre le virus conservatiste et si, par son adhésion à la modernité, il penche vers
l'universalisme, son repliement fréquent sur le Québec le
pousse vers le particularisme. Par contre il est d'orientation
réformiste et c'est sans peine qu'il repousse les velléités de
radicalisme qui, à l'occasion, cherchent à se manifester.
Quant au nationalisme social-démocrate, à l'instar du nationalisme libéral, les valeurs d'action qu'il épouse le poussent
vers l'universalisme et le progressisme. Mais, puisqu'il opte
pour un Québec indépendant plutôt que pour un autonomisme provincialiste, il lui est possible, du moins en principe, de maintenir de façon moins ambiguë une orientation
universaliste et la tension entre le réformisme et le radicalisme s'y exprime avec plus de force. Enfin, les valeurs
d'action que poursuit le nationalisme socialiste sont d'essence universaliste, progressiste et radicale. Dans ce dernier cas, cependant, il est très difficile de déceler la nature

précise de ces orientations, ce nationalisme ne s'étend pas jusqu'ici concrétisé au Québec sous la forme d'organisations sociales douées d'une permanence et d'une ampleur suffisantes.

Si la valeur de l'engagement apparaît toujours comme relative et provisoire, la raison en est que la façon dont les mouvements sociaux et les hommes se situent par rapport à ce triple modèle culturel ne saurait produire qu'un équilibre imparfait et provisoire entre les valeurs qu'ils professent et les besoins concrets de l'action dont ils sont les promoteurs. C'est ainsi que les conditions du temps requéraient du Père Lévesque et des premiers professeurs de la Faculté des sciences sociales de Laval qu'ils adhèrent ouvertement à la doctrine sociale de l'Eglise. Mais, en partie grâce à leur action, dès 1952 le contexte social a suffisamment changé pour qu'une seconde génération de professeurs réussisse à imposer son projet d'une adhésion sans restriction à la pleine poursuite de la connaissance scientifique. En même temps, cette génération dénonce comme un faux universalisme le pancanadianisme que des membres de la Faculté professaient jusqu'alors et, ce faisant, ils ré-orientent de façon radicale l'entreprise de démythification du nationalisme conservatiste menée par la Faculté depuis 1938.

C'est la recherche de rapports adéquats entre les valeurs et les exigences de l'action qui entraîne la nécessité de semblables processus de déstructuration et de restructuration périodiques des modèles de représentations culturelles. Sans ces processus, dont les modalités sont très souvent pénibles pour les hommes qui en sont les acteurs, ce serait l'évolution même de la société qui s'en trouverait bloquée. Envisagée sous cette optique, la portée insigne de ces vastes mutations dans les esprits et les institutions

survenues au Québec depuis 1940 devient éclatante. Voilà
que cette société, au sein de laquelle des schémas particuliers de valeurs ont pu pendant longtemps être considérés éternels parce que les cadres institutionnels y étaient
considérés comme immuables, est tout à coup contestée
dans ses assises mêmes par des hommes qui démolissent
ainsi les anciens équilibres alors que, normalement, ils
devaient s'attacher à les maintenir parce qu'en leur qualité
de prêtres, de journalistes et de professeurs ils appartien-
nent de plein droit aux élites traditionnelles. Ce qu'il y a
de remarquable dans ce processus vraiment révolutionnaire, c'est que le rythme des évolutions ainsi engendré
n'a pas cessé de s'accélérer depuis le moment où il a
démarré.

Mais en même temps que l'accélération du rythme de
l'évolution, deux phénomènes majeurs se produisent qui
modifient de façon radicale l'interaction des valeurs et de
l'action : d'une part, les anciennes certitudes, fondées sur
la foi religieuse et la tradition s'évanouissent l'une après
l'autre sans qu'elles soient remplacées de sorte qu'aujour-
d'hui il est devenu malaisé de fonder les valeurs d'action
sur des convictions fermes et susceptibles d'entraîner
l'adhésion d'un nombre suffisant de membres pour soutenir
un mouvement social ; d'autre part, il n'est plus possible
de penser le Québec en faisant abstraction du reste du
monde. La pleine adhésion du Québec à la modernité de
même que l'irruption de problèmes que le Québec partage
avec les autres peuples et qui réclament des solutions aux
dimensions de la planète ont rendu suicidaire toute forme
de repliement systématique sur soi.

Depuis l'éclatement de la révolution culturelle dans
le monde occidental vers 1968, le Québec partage avec

les peuples qui l'entourent une même inquiétude fondamentale : il est partie d'une civilisation qui, après tout,
pourrait bien être mortelle et qui, même peut-être, déjà
pourrait être mortellement atteinte.

C'est ainsi, par exemple, qu'au Québec comme ailleurs
on commence à se rendre compte que de nouvelles exigences vis-à-vis de la justice sociale qui s'expriment chez
les porte-parole des régions et des groupes défavorisés ne
sauraient plus être satisfaites par des mesures qui visent
simplement à soulager la misère (charité, philanthropie,
assistance sociale) comme ce fut le cas jusqu'ici, mais qu'il
s'impose désormais de trouver les moyens de supprimer les
causes qui engendrent la misère. De même, les problèmes
aigus de la faim dans le monde, de la pollution de l'envi-
ronnement, de l'épuisement des ressources et de l'énergie,
etc., concernent les Québécois au même titre et avec la
même urgence que les autres peuples. Mais la recherche
de solutions à ces problèmes suppose que les Québécois
consacrent à la recherche scientifique toute l'énergie que
l'on est en droit d'attendre d'un peuple qui, à l'échelle du
monde, se range parmi les très bien nantis. Depuis 1958,
alors que je déplorais la situation précaire des universités
québécoises [1], on enregistre, il est vrai, une croissance fan-
tastique parmi les institutions d'enseignement supérieur au
Québec. On doit malheureusement constater en même
temps que les études de deuxième et de troisième cycles
stagnent encore dans la plupart des secteurs des huma-
nités et des sciences sociales et que l'organisation de la
recherche scientifique reste dans un état embryonnaire.

Les conséquences de ces déficiences se font sentir dans
toutes les sphères d'activité. Naguère, les valeurs engagées
dans l'action se jugeaient d'après des critères suffisamment

---

1. Voir à ce sujet mon article : «Aspects de la condition du professeur
d'université dans la société canadienne-française », *Cité libre*, juillet
1958, 7-30.

accrédités pour qu'elles parviennent sans peine à soutenir des mouvements sociaux. C'est ainsi que, en 1939, lorsque le Père Lévesque, se fondant sur ses études sociologiques et sur ses convictions chrétiennes, crée le Conseil supérieur de la coopération, il pose un geste progressiste d'aspect réformiste qui effectue une synthèse de l'universalisme et du particularisme jugée heureuse par la plupart des contemporains. Mais, en 1951, à l'issue des travaux de la Commission royale d'enquête sur les Arts et les lettres dont il fut le vice-président, lorsqu'il préconise le pancanadianisme et, par la suite, vante les mérites du « chevauchement des cultures » [2], il retarde sur l'évolution. Il est alors pris à partie non seulement par les nationalistes autonomistes, ce qui après tout correspondait à l'ordre ancien des choses, mais également par la seconde génération de professeurs de la Faculté des sciences sociales qui, au nom de la valeur de la science qu'ils estiment primordiale, considèrent cette option comme s'inspirant d'un conservatisme et d'un pseudo-universalisme irrecevables.

Mais sur quels critères accrédités ou accréditables peut-on aujourd'hui se fonder pour juger de la pertinence des multiples modèles de représentations culturelles que mouvements sociaux et individus mettent de l'avant pour justifier les valeurs qu'ils engagent dans l'action ? Que l'on considère n'importe laquelle des grandes options qui s'offrent aux Québécois : qu'il s'agisse de fédéralisme, de séparatisme, de conservatisme, de libéralisme ou de socialisme, ne doit-on pas convenir qu'on décèle partout de pénibles carences au plan des valeurs inscrites dans l'action ? Elles sont ou trop abstraites ou trop au ras du sol, trop empiriques ou trop doctrinaires, trop prosaïques ou trop idéalistes, bref, elles ne répondent pas aux attentes des individus et des collectivités.

---

2. Titre d'une conférence devant l'institut des affaires publiques en 1955.

Sans aucun doute, ces carences s'expliquent par la
grande confusion qui règne aujourd'hui dans le monde en
ce qui touche aux valeurs elles-mêmes de même que par
la grande complexité des problèmes qui viennent hanter
une humanité aux abois. Cette confusion au plan des
valeurs et cette complexité des problèmes devront néanmoins être surmontées d'une manière ou d'une autre pour
qu'enfin prennent forme des mouvements sociaux propres
à les résoudre. Les Québécois auraient bien tort de croire
que, pour une raison ou une autre, il ne leur revient pas
d'épauler les efforts des Américains, des Européens, des
Africains et des Asiatiques dans la recherche de solutions
valables. Car si les valeurs sont universelles en leur principe, il revient à chaque peuple de les reprendre à son
compte et de les particulariser selon ses conditions propres.

On ne dira jamais assez le grand besoin de recherches
réfléchies qui, tout en prenant le Québec comme cas
d'étude, visent à rejoindre les grandes préoccupations qui
agitent l'homme contemporain où qu'il soit dans la planète.
Mais un piège sournois guette le chercheur ainsi que
l'homme d'action qui s'appuie sur les données de la recherche : la science et la technique, partout, servent les
fins d'une rationalité technocratique qui, dans les services
publics aussi bien que dans les grandes organisations pri-
vées, est en train de préparer pour l'homme un paradis
soporifique où toute création individuelle et collective
deviendrait exclue. Dans ce nouvel ordre de choses qui,
avec la connivence empressée des hommes politiques et
des dirigeants de l'économie, est en train de s'instaurer
partout dans les sociétés occidentales, celui qui s'est résolu
à échapper au totalitarisme de la nouvelle idéologie qui
cherche à s'accréditer au nom de la science elle-même
devra apprendre à se mettre à l'écoute des plus humbles
et des plus démunis de la société — les « colons » du Bas-

du-fleuve et de la Gaspésie qui s'acharnent à vivre dans leurs boisés et sur leurs terres de roches et les laissés pour compte des quartiers pauvres de Montréal, de Québec et d'ailleurs. Certes, il importe de savoir ce que les maîtres du jour font et ont à dire. Mais, de même que dans la Grecque antique ce fut de la condition d'esclave et non de celle de maître qu'émergèrent les valeurs associées à la philosophie stoïcienne sur lesquelles la civilisation romaine, et à sa suite la civilisation occidentale, allait dans une bonne mesure se fonder, ainsi aujourd'hui convient-il de regarder du côté des démunis pour déceler les signes des valeurs susceptibles de guider des engagements valables.

*Achevé d'imprimer*
*sur papier*
*Val-de-Brôme non-apprêté*
*des papeteries Eddy, Hull,*
*sur les presses*
*des*
*Ateliers Jacques Gaudet, Ltée,*
*Granby,*
*le vingtième jour*
*du mois de juin*
*mil neuf cent soixante-quinze*

*Achevé d'imprimer*
*sur papier*
*Val-de-Brôme non-apprêté*
*des papeteries Eddy, Hull,*
*sur les presses*
*des*
*Ateliers Jacques Gaudet, Ltée,*
*Granby,*
*le vingtième jour*
*du mois de juin*
*mil neuf cent soixante-quinze*

Imprimé au Canada

Printed in Canada